智慧生长处

张剑澜 著

U0952458

古吴轩出版社
苏州新闻出版集团

图书在版编目（CIP）数据

智慧生长处 / 张剑澜著. -- 苏州 ： 古吴轩出版社，2023.1（2023.9重印）
ISBN 978-7-5546-2094-6

Ⅰ. ①智… Ⅱ. ①张… Ⅲ. ①教育－文集 Ⅳ. ①G4-53

中国国家版本馆CIP数据核字（2023）第043139号

责任编辑：李 倩
见习编辑：沈 玥
封面题字：穆 之
装帧设计：杨 洁
责任校对：黄菲菲
篆　　刻：潘 风 宋 咏
绘　　画：张迎春

书　　名：智慧生长处
著　　者：张剑澜
出版发行：古吴轩出版社
地址：苏州市八达街118号苏州新闻大厦30F
电话：0512-65233679　　邮编：215123
印　　刷：苏州日报印刷中心有限公司
开　　本：889mm×1194mm 1/32
印　　张：7.5
字　　数：184千字
版　　次：2023年1月第1版
印　　次：2023年9月第3次印刷
书　　号：ISBN 978-7-5546-2094-6
定　　价：88.00元

序

校长的文化领导力

张剑澜的文集《智慧生长处》即将出版，里面记录了他多年来履职不同学校校长的心路历程。文章中既有对学生成长的期许，也有对学校特色发展的构思；既有对中国国际学校办学经验的探讨，也有自己海外学习的思考和感悟。文风清新，娓娓道来。点点滴滴，如人饮水，冷暖自知。文集题为“智慧生长处”，颇有深意，因为办教育对校长本人是个历练，而办学过程则是实践智慧的呈现。这种智慧，不仅指向学校的发展，更指向学生的个性化成长。我们听到不少校长通过媒体宣传的动听故事——故事都是感性并混杂很多虚构的东西的，却很少看到理性的思考。理性需要智慧，并需要通过文化领导在学校呈现和延展。而《智慧生长处》给我们传递的是后一种力量。

文化领导力量的有效性是将学生、教师和其他人团结在一起，使他们成为学校工作的支持者。事实上，学校作为一个帮助学生成人和成事的系统本身应该受人尊敬。当人们成为这种强大而有约束力的文化的成员时，他们就有机会体验一种特殊的个人使命感，其特点是更丰富的意义、更广泛的认同感，以及对特殊事物的归属感——所有这些都是激励学校成员发展的条件。当我们以卓越的学校教育为愿景时，这种文化就像一个指南针，指引人们朝一个共同的方向前进。它提供了一套规范，定义了人们应该完成什么以及如何完成，并为教师、学生、管理人员和其他工作人员提供了意义和重要性的来源。强大的、功能性的文化是被教化而成的，或者说，它们是有意形成的——通过学校领导层和学校成员培育而建立的。学校文化包括价值观、象征以及家长、学生、教师和其他被视为一个群体或社区的人的共同含义。文化决定了这个群体的价值以及成员应该如何思考、感受和行动。一所学校的文化越被理解、接受和凝聚，它就越能朝着自己的理想和追求的目标前进。

萨乔万尼(Thomas J. Sergiovanni)提出了四种领导美德：希望、信任、虔诚和修养。当这四项成为领导力实践的核心时，即使是最具挑战性的学校也能发现改进所需的杠杆。其中，希望经常被混淆为愿望。然而，希望是基于现实的，不是一厢情愿的。现实的希望是基于这样一种尝试：理解现实的具体情况，现实地看待自己在其中的角色，并努力采取深思熟虑的行动，以实现所期望的改变。在这种情况下，希望的影响有一种激活的效果。它有助于调动活动所需的能量。这里的活动不仅指一般课程教学活动，还指思维活动或与他人的联系活动。希望的激活效应产生了影响。领导者如果没有采取刻意的行动来实现他们的愿望，那愿望无法成为希望。因此，充满希望的领导者对他们的愿望做出积极的反应，并刻意努力将希望变成现实。如果他们的希望是基于对一系列假设的信念，如果这些假设被学校共同体的其他成员分享，那么一股强大的思想力量就会产生。这些理念为学校成为一个充满希望的共同体提供了基础，并可以推动学校努力将希望变为现实。这些象征和文化力量对人类的思想和行为有非常强大的影响。人们通过结合成一个高度规范的有凝聚力的团体来应对这些力量，而这个团体反过来又以一种近乎非理性的方式将自己与学校文化结合在一起。实际上，本书很多地方都谈到了如何将一所学校的特色和愿景通过希望转化为现实追求，其中包含着一个校长的智慧。

智慧涉及对如何过上最好生活的认识和策略，在这个意义上，我们相信学校应该为发展学生的智慧而教。为智慧而教意味着是一种促进深刻理解的个人生活方式。在于回答生活中什么是重要的，如何实现这种生活，以及个人现在与那种生活的关系是怎样的。当学校在日常活动中体现出追求卓越的明晰目的、价值观、规范和路径选择时，它们就能最好地传递自己的文化。

希望是由目标、途径和行动组成的认知集合。满怀希望的人拥有目标，找到实现这些目标的途径，绕开障碍，并发展达到目标的能力。看张剑澜的这些文章，我联想到哲人所说的那段话：那美好的仗我已打过了，当跑的路我已跑尽了，所信的道我已守住了。藉此与大家共勉。

是为序。

吴刚

华东师范大学教育高等研究院

序

心念山中日月长

剑澜先生新书付梓，嘱予作序。书中文章，看似应景随笔，却有深思洞见；看似平铺直叙，却有波澜深流。苏州自古是文脉汇涌之地、文人辈出之域。剑澜先生的书既是智慧生长之处，亦是教育哲学之门。

剑澜先生与我是北京大学校友，他以未名湖之宽度喻人之视野，以图书馆之高度喻人之胸襟，以大学堂之厚度喻人之度量。眼底未名水，胸中黄河月，对北大的爱也成就了剑澜先生与我等一众教育同仁的师友之缘。剑澜先生以文论道，以书载道，无论演讲还是文章，总有智慧之语，我力荐他入北京大学哲学门。哲学乃是智慧之学，1912年最早创建于北京大学的“中国哲学门”就是智慧生长之处。

剑澜先生爱思考、爱写作，《智慧生长处》收录了他近十年的随笔、心得和演讲原稿，是一本教育人的故事集，是一本思想者的沉思录，是一本吴门子弟的美育思想集。

剑澜先生爱讲故事，很多文稿既有人物画像，又有故事情节，还有喻理深意。故事的主角有名人大家，有莘莘学子，也有作者本人；有落魄画家成功营销自己的故事，有壮志凌云的学生逐梦奋斗的事迹，也有关于他高考时紧张的笑谈；最终教导学生永远做一个有想法的人，一个含泪奔跑的真正的强者，一个笑对人生、张弛有度的人生赢家。

剑澜先生言有思想，无论是作为一名学者，还是一位校长，抑或一位父亲，他都从不同角度论述了博雅教育与各方教育思想和实践的连接。博雅教育上承中国传统教育“渊博雅正”的至高追求，外连西方现代教育“自由精神”的通才理想，以至于博雅教育已超越一种流派，成为融汇中国传统六艺和西方传统七艺的课程体系，贯通直觉体悟与理性思辨的思想基石。博雅是不同学校不同办学思想的汇聚和包容。

剑澜先生文有意境，虽无华丽辞藻，却有丹青之色；不绘苏州景物，却处处有苏州气象。无论是以苏州评弹为博雅教育的载体，还是将苏州园林融入国家课程和艺术课程的创新，抑或是讲述与海外苏州同乡的故事，作者笔下的文字无不包含苏派教育人的情志和气韵。这种意境可长衫儒雅，亦可西装风度；可缥缈幻逸，亦可笃实砥砺；可吴门风骨，亦可北大留书。

剑澜先生书中还多次提及学校和教育的宁静，包括吴音评弹的宁静、书声琅琅的宁静、园林楹联的宁静、潜心研究的宁静、心怀学生的宁静、传承文脉的宁静……这些宁静都蕴含了办学智慧和治校哲学，不品读文章，不足以参悟其中妙处。宁静之后便是学校课程的边界突破，学生思维的升华发展，教学方式的融合创新。因此，宁静是智慧酝酿的土壤，是创意勃发的序章。

剑澜先生是一位宁静的行者，穿梭于中国与国际多样化的教育文化场景中，肩负着大学学者与中小学校长的使命职责，记录着不同角色的教育智慧和心得体验。他既游历海外求学，亦在中国大学研究；既在政府系统和公立学校供职多年，亦依市场规律在苏创办多所私立学校；既有“躬身世间风云会”的洞明练达，亦有“心念山中日月长”的超然洒脱。语言文字的最高境界是“言辞有尽，意境无穷”，智慧生长的最终呈现是“运腕自如，藏露有度”。

剑澜先生谓：“画以遣怀，书可医俗。”山中日月浩然，书中智慧生长。

范皑皑

北京大学教育学院副教授，管理学博士，培训办公室主任，《北京大学教育评论》编辑部副主任、副编审

目录

序

校长的文化领导力

心念山中日月长

岁月欢歌

我愿是你们永远的观众

——写在高二、高三舞蹈班会演后 …… 002

做一个内外兼修的六中人 …… 004

读什么？学什么？ …… 007

回到校园 …… 009

先锋与责任

——在2014届毕业典礼上的致词 …… 011

教育的使命 …… 015

规范意识的养成

——2014军训会操发言稿 …… 020

新学期，新目标，新要求 …… 022

充实之谓美

——成人礼上的讲话 …… 026

我是你的学校…………………………………………………… 029
笑对人生
——在高考动员会上的讲话 ………………………………… 031
高中高在哪里
——2015级军训会操讲话 ………………………………… 033
记六中七十五周年校庆 ………………………………………… 035
品味人生，品质学校
——写在校庆七十五周年…………………………………… 036
第34个教师节的讲话…………………………………………… 038
在国际高中2018年学期结业式上的讲话 …………………… 040

教育启航

做一名内外兼修的校长 ………………………………………… 046
博雅教育………………………………………………………… 052
再谈博雅教育 …………………………………………………… 055
美在教育真性情 ………………………………………………… 058
用教学改革、科研进步促教师共发展 ………………………… 061
课程设置中的矛盾解决之“道” ……………………………… 064
崇真尚美，德馨有源
——记苏州园林文化艺术课程基地 ……………………… 069
六中美育………………………………………………………… 073
学情分析有感 …………………………………………………… 078
宁静无价
——新常态下的教育思考 ………………………………… 081
教师的尊严 ……………………………………………………… 085

有感觉的课堂 …… 088
凭什么? …… 090
讲故事与教育 …… 092
教育者的接地气 …… 094

心灵苗圃

艺术为人生 …… 098
吴门精神
——在张继馨、廖军书画作品展开幕仪式上的讲话 …… 101
2014考博 …… 103
书法之美
——六中举办华人德书法作品展致辞 …… 106
芳草碧连天
——苏州市第六中学师生“芳草碧连天”风景写生习作开幕式致辞 108
那边走边画的日子
——沈南强速写画展致辞 …… 110
筑圃见文心
——黄翔书法展开幕式致辞 …… 111
甲午岁末 …… 112
寄语乙未 …… 113
共度年华(一) …… 114
心缘、随缘、姻缘
——为《因心随缘》作序 …… 116
相由心生
——在庞茂琨、李晓林画展上的致辞 …… 119

2015考博……121
共度年华（二）……123
2016考博……125
读《家是另一个学校》后感……127
静美思……131

研精静虑

美德立人生，智慧行天下……134
应用Prezi技术进行教学的利弊综述……140
从无中生有到边界突破
——当下学生发展观的浅析……156
静坐参众妙，清谈适我情
——苏州园林文化艺术课程基地……164
大爱尚美办学理念下的课堂和课程……176
课程设计的内核思考……179
学校文化建设与引领……190
用课程架构引领学生发展的实践思考
——以江苏省苏州艺术高级中学（苏州市第六中学）为例……201
在哈佛的日子……210
学校就应该是充满爱意的地方
——张剑澜访谈录……220

岁月欢歌

我愿是你们永远的观众

——写在高二、高三舞蹈班会演后

今天，陶校长邀我参加高二、高三舞蹈班的会演活动，我欣然前往。姑娘们努力地展演，一支支民族舞、古典舞让我们啧啧称赞，现场掌声频频。这场展演没有邀请更多非专业的观众，台下坐着的是舞蹈表播班的同学们，她们的掌声中带着欢欣、鼓励、羡慕和支持，还有对舞台的渴望、对艺术的热忱。

我被打动之余，也极力地去理解她们的心灵。独舞——一种我原以为最难表达美感的艺术形式，意境深邃、结构精练，要求舞者将丰富的情感、生动的肢体语言和高超的技巧相结合，创造出完美动人的作品。姑娘们的手脚、身形，甚至嘴角、眼神都是那么准确、投入。虽显稚嫩，但那份执着的精神让我铭记，那份投入让我难忘，那份沉浸是那样让我享受。

一位跳新疆舞《花儿为什么这样红》的女孩，连续转了好多圈，在舞蹈完美结束后，趴在旁边的桌上静默无言，我不由得心生忧虑，赶紧问陶校长她是不是受伤了。事后遇到女孩，再问起这事时，她说当时在台上就感到不适，但为了现场的美感，自己决不能含糊，努力把每一个动作都做到极致。

另一位漂亮女孩，在演绎一段古典舞时，

音乐突然停止。她做了个优雅的谢幕动作，下场了。演出结束后，她轻轻啜泣，身体微微颤抖，良久良久。任何安慰都不起作用。她是多么热爱舞台、热爱表演啊！好不容易登上舞台，发挥了最佳状态，却出了这样的状况，这样的打击使她备感委屈，平日里苦练都没流过的泪在这时涌出。因为有热爱才有坚忍，因为有追求才有沉醉，因为有渴望才有泪水。

这些可爱的人儿，似小小的星嵌在墨黑的夜空，深深留在我的脑海，使我感动。学校有那么多美丽的人物和故事，让我每天都能发现美，使我内心那份沉睡的艺术性情复苏，同时也让我惭愧汗颜。我惭愧我们没有提供更多的机会让孩子们去表现自我，我汗颜我无法像艺术评论家那样循循善诱，去评论她们的美。自然，学子们天真无邪的美、刻苦追求的心，需要我们理解，而我们更需要去理解并感悟美的真谛、去发现艺术的本质。

月高高地挂在天空，当夜色降临时，它便在广阔的舞台上洒下清辉。我们应该为学子们提供更多的展演机会，搭建舞台，给他们空间，让他们找到自信，让他们知道我们永远是他们的观众。

展演结束了，我的心似湖水荡起涟漪，久久不能平静。这不为其他，只为那份纯真，那份善良。

加油！美丽的舞者，我将是你们永远的观众。

2013年11月11日

做一个内外兼修的六中人

不知不觉，我们跨入了新的一年。过去的一年里，大家齐心协力，共创辉煌。在江苏省艺术统考中，我校学生以优异的成绩回报母校；在各类大型活动中，我校师生以大气质朴的形象展示母校；在各项竞赛中，大家以百舸争流的激情为母校增光。这一切我感受着、感悟着、感动着。感激老师们的辛勤付出、无怨奉献，感谢同学们的艰苦执着、奋勇争光。成绩属于过去，征途仍在眼前。在成绩归零之后，我们又将整装出发；在成绩归零之后，我们仍需信心满满；在成绩归零之后，我们必能超越自身。

新学年，新寄语。在这里，我想和大家分享我的思考。首先，人品是最高学历。学历和能力都很重要，可是有一样东西更重要，那就是人品。人品是能力施展的基础，人品决定态度，态度决定行为，行为决定结果。德行即是人品，如忠诚、敬业、担当、积极、感恩、谦虚、善良等，都是人类社会所渴求的。人的内心就像一座神秘的宝藏，蕴藏着无法探知的神奇力量。正是凭着内心的强大力量，人类才能在残酷的自然竞争中进化为世界的主宰。很多时候，我们做事之所以会失败，并非缺乏知识和能力，而是没有足够强大的内心力量。

其次，阅读是最强能力。高尔基先生说过："书籍是人类进步的阶梯。"阅读可以让你掌握礼节，可以让你变聪明，有智慧去面对挑战。对于坎坷，阅读可以是最佳润滑剂；对于成长，阅读是最好的阶梯。读高中的人都想升入理想的高等学府深造，为的都是一个目的：提升自己的学历，提高自己的能力。

学英语、语文，要做阅读训练，在学数学等其他学科时，老师常常说要阅读好题目要求。在今后的各种学习状态下，在大数据时代的背景下，学会在各种媒介、各种时间条件下有效阅读是成功的关键，知识能力的获取永远使人站在"巨人的肩膀之上"。

最后，内外兼修是最大能量。1826年7月4日，即弗吉尼亚大学创办七年之后，托马斯·杰斐逊告别人世。他亲自设计墓碑，留下了"不得增添一字"的墓志铭：托马斯·杰斐逊，美国《独立宣言》和《弗吉尼亚宗教自由法》的执笔人，弗吉尼亚大学之父，安葬于此。在他眼里，美国独立战争最重要的政治家、美国的缔造者之一，美国政治体制的设计者和执笔者、两任弗吉尼亚州州长、华盛顿政府国务卿、一任副总统、两任总统……这些头衔一文不值。以创办一所学校为荣，以帮助未来的孩子拥有品质、自由、名声和幸福为第一要务，这是一种多么令人钦佩的内外兼修的能量啊！

内外兼修的"内"我指的是内练基本功，如同学们的基础知识和基本技能，这些必须扎实。高中学习的目的也就是为高等教育打下基础，为人生发展奠定基础。时至今日我还清楚地记得能量守恒定律、勾股定理、朱自清的《背影》……这一切将是学习量子力学、热能学、经济学、几何学、中外文明史的基础。

内外兼修的"外"指的是外沿拓展。我们的同学应更多地了解世界，了解历史。了解许乃钊这位江苏巡抚的生平，《胡雪岩传》的作者——台湾著名作家高阳，原名许儒鸿，就是许乃钊的曾孙；了解明四家在拙政园的故事；知晓评弹、昆曲的诞生和发展；还可以尝试体验吴门画派、吴门琴派的清澈淡远。这样作为一个六中人，无论你到世界上的哪一个角落，都将拥有巨大的能量。

同学们、老师们，乔布斯说“Stay foolish，stay hungry”，意思是说求知若饥，虚心若愚。让我们追求人品，保持阅读习惯，做一个内外兼修的六中人吧！让我们真正做到求知若饥，虚心若愚。我与大家一起践行！

2014年1月2日

读什么？学什么？

新学期，新起点。过去一年所取得的成绩已经归零，我们必须重新开始奋斗。当今的教育形势有了变化，比如艺考，高校的招生政策在调整，对此教学和管理该如何适应？又如生源，其走向时时转移，对此，我们如何吸引真正热爱艺术的优秀学生？在这种形势下，老师又该如何应对？

教书育人是教师的天职，我们想要教好学生，自己必须读点什么。读什么呢？首先是读课程。不断学习掌握该门学科的系统知识，了解该学科的最新动态，这是硬件。其次是读好书。六中是艺术特色学校，所以在寒假里，我有意识地选了艺术家的传记来读，如《行走的画帝——张大千传》。它使我印象深刻、受益匪浅。张大千说："画如欲脱俗气、洗浮气、除匠气，第一是读书，第二是多读书，第三是有系统有选择地读书。"一个伟大的艺术家，其胸中学识包罗万千，气骨丰韵自是令人歆羡不已。这种人格魅力，往往需要靠多读书才能养成，且书的种类不限，多多益善。作画以遣怀，而读书可医俗。遣怀者，可临砚挥毫，可登高作赋，可傍山长啸；医俗者，唯书也。故读书，读好书，多读好书。

读书之余，要"读读"学生。一个学校的

生命力必然是由该校的教学质量决定的，故而不讲分数绝无可能，但在讲分数的同时，我们更要注重培养学生的能力。我们究竟要培养具备什么样能力的学生？我觉得最根本的就是要教导学生会思考，会提问，并且能提出有质量、有深度的问题。此外，我们更要“读读”他们的学识品格，看看他们是否有才学，有能力，有修养。不仅学生如此，教师亦应时时反省——我们是否有足够的能力教好孩子们？我们是否竭己所能对他们倾囊相授？

那么，如何防止我们老师产生职业倦怠感？除了读，我们还要学。自然，读书也是思考学习的过程。我们首先得学所教学科的基础知识，这是我们老师的立身之本。其次是学艺。古代六艺包括礼、乐、射、御、书、数。北大校长蔡元培曾说过，没有一门课程不是和美学相关的。我们每位老师都应读读美学。学艺，学“美”的同时，我们还必须学习如何正身。光绪帝在京师大学堂的开学典礼上说，我们要立德、破贼。破什么贼呢？一是伪善，二是守旧。作为老师，我们不应在嘴皮子上教仁义道德，而该付诸实践，以身践之，并不断更新思想，紧随发展潮流。

故而，师者为人所重，润物而无声，不言而下自成蹊，能臻于此境者，能勤读敏学也。

2014年2月15日

回到校园

如果说有什么感觉是麻木的，我想那是人们对时间的感觉。

当我的脑海里浮现出绿皮火车往返于南京和苏州的景象时，已是三十多年过去了。

农历甲午，我四十了。近两日居然能重归校园，重返考场，说出来连我自己都不敢相信。

大四那年总是在学英语，读各种英语文章，背英语单词……那整整的一年含着苦味，常常是拖着疲乏的身子，两眼似要浸出泪来。但后来，我确乎从中获得了许多，那是更加丰富的自我。可以说，从那时起，我才有了对大学的真正崇敬，我才有了对学术的真正敬畏，我才有了对生活态度的真正感悟。

世事变幻，无意中我回到了自己热爱的领域，一所艺术高中——六中。

我希望自己能带些什么给它，抑或我能为它做些什么，也能留下些什么。因此我是那么用心用情，不仅仅为学生和教师，为所有的六中人，也为我自己。多希望大家都能记得我曾走过的那段路！正因为如此，我的每一段公开发言都发自肺腑，我的每一堂教学课都希望传递智慧，我每一次和教师谈话都以诚相待。时间就是如此温柔，在其缓缓的流动中，我已早生华发矣。

可我心里总觉缺失了什么。这种缺失不需要任何外部的填充，也许只需要我自己感悟。

回到校园，丢下那些世俗的身份、关系和利益；回到校园，忘记那些必须面对的、必须处理的；回到校园，轻松享受精神的充实，用心体会学术的高贵。

从熊十力到李泽厚，从严复到蔡元培，这些先生的名字总在身边指引、启发着我。

未名湖的宽度恰似人的视野，它决定了你的认知；北大图书馆的高度好似人的胸襟，它决定了你的格局；大学堂各学院的厚度却似人的度量，它决定了你将成为怎样的人。

回到校园，是一种渴望、一种执着、一种幸福、一种回归，更是一种精神洗礼。

2014年4月15日

先锋与责任

——在2014届毕业典礼上的致词

亲爱的同学们、老师们，你们好！拙政旁，娄门内，六艺爱尚美；文理美，音表舞，学子齐相会。三年，相随；三年，相伴；三年，相知；此时，相送。

亲爱的同学们，忧伤而美丽的离别又来到了！你们就要毕业，就要离开我们了！我舍不得大家！我祝贺你们！你们每个人都是我们最棒的毕业生！我爱你们！

在与大家相处的近一年时间里，我要感谢大家对我本人的支持、理解和包容，感谢大家为六中争得的每一份荣誉，尤其是要感谢高三的全体老师和同学的辛勤付出。

时间都去哪儿了？几年时间已从指缝中悄然溜走，你们也从略显青涩的少年成长为充满自信、敢于担当、满怀梦想、即将步入大学的青年。我和你们相处的时间，仅限于到教室听的几堂课、到食堂吃的几次饭，参加你们举办的几场晚会和座谈会。但我阅读了你们写在六中贴吧的或者写给我个人的几乎所有的文章，所以，我对你们的所思、所想、所作、所为也有一些了解。你们有过许多人生的思考和实践，有过一段一起生活学习的友谊，有过成长中的烦恼和快乐，有过对月考和统测的焦虑，有过教室漏水、上课太困、体育活动没地点，想投诉又被无视的困惑……

六中是一所发展中的高中。作为校长，我和我的同事们希望尽最大的努力，做好你们渴求完成的每一件事情，回答你们希望得到回应的每一个问题，为你们服务，陪伴你们成长，因为你们是国家的未来、民族的希望！在过去一年的时间里，我们为教室安装空调，想尽量减少你们在夏天所遭受的酷热；我们努力改善食堂伙食，想让你们吃得更好；我们率先考虑建设六中云校园，想让你们更早、更快地和世界连接；我们所有校长、副校长都走上讲台，想让你们尽早掌握科技创新的方法和为人之道……

但是，尽管我们在不断努力，我还是要代表学校，向你们——我亲爱的同学们说一声：对不起！我们还有许多工作没有做好，或者说可以做得更好。我们的校长、副校长虽然都上了讲台，但校长们和学生的交流互动还不够多；我们虽然在大部分教室安装了空调，但还有部分老教室的空调效果不佳，而且健身房的空调暂时无法安装，因为需要进行电路扩容和改造；我们的食堂伙食虽然有所改善，但仍然没有最大限度满足广大同学的需求；我们有了美丽的校园，但校园的布局暂时还没有做到最佳……这些，都反映出我们的工作没有做好。我们一定要下更大的决心，花更大的力气，把和同学们相关的事情做得更好！

希望寄托在你们身上！你们将要面对纷繁的国际形势，将会面对各种复杂的矛盾和问题。请你们不要忘记六中的精神、六中的价值判断和六中的价值选择，这就是“厚仁尚美，博学笃行”。

你们将是改变世界的先锋。记得你们要创办校刊，“猴子”来找我约稿，告诉我刊名叫*Next*，于是我联想到了“next generation is next step”（下一代是下一步）。我们的人生都是由无数个下一步组成的。先锋者更注重下一步的迈进。这是一个“慕课”时代，这是一个创造的星球，这是一个智慧的宇宙。这时代、星球、宇宙需要先锋。有先锋就会有开垦，有先锋就会有冒险，有先锋就会有负重前行。同学们，请记住我的赠言“You are pioneers”（你们是先锋），先锋不仅仅是光鲜的称号，更是一种责任！你思考过知识、技能和素养吗？你考虑过社会、人类和地球吗？你担心过环境、生存和发展吗？你了解过文化、历史和艺术吗？你想过传统、现代和未来吗？你们玩“三国杀”，也要读《三国志》；你们看《来自星星的你》，也要学礼、乐、射、御、数、书；你们看《中国好声音》，看《中国好舞蹈》，也要锻炼身体。因为你们的课堂叫全球，你们的舞台叫世界。你们有责任把美好带给未来，把美德传遍世界，让地球变得更美！同学们，请记住我的赠言：“You have responsibilities!（你们有责任！）”

毕业典礼神圣而庄严，因为这是你们人生中一个重要的篇章。在这里，母校用真情，伴随你们这一程；在这里，你们来过、爱过、燃烧过、拼搏过。我们共同度过，不后悔！

毕业典礼——Commencement，这个英文词还有一个意思就是“开始”。今天你们走出六中校园的那一刻，也就意味着一个新的开始，不论你在哪里开始，开始在哪里，请记住我们永远在一起，我们这个队伍永不散！请你们记住你们所爱的人，记住你们的爸爸妈妈，记住你们的兄弟姐妹，记住你们的亲朋好友，记住你们的母校，记住你们的祖国，记住你们的根。不要问别人为我做了什么，我们要考虑的是我为别人做了什么。在你们发展和前进的道路上，只要你们需要母校，不管你们是高官还是平民，富贵还是清贫，伟大还是平凡，母校永远都是你们坚强的后盾和温暖的家！我们会张开怀抱，不遗余力地为你们服务，为你们提供支持和帮助。母校爱你们！母校为你们骄傲！这就是母校的选择！

祝同学们一帆风顺、前程似锦！谢谢大家！

2014年6月16日

教育的使命

那天走在校园里，迎面走来一位高挑靓丽的女孩，她从容地向我挥挥手，脸上含着笑意。我一时叫不出她的名字，但知道她肯定是校友，我们便聊了起来。

这位名叫沈可的女孩现在在南京艺术学院读书，学的是服装设计与表播专业。这是一个两年招一次的专业，对考生的外表及音台形表等方面的要求很高。沈可是表演方向的学生，她的同学在应考各大戏剧学院、电影学院的时候，她已经在关注南艺的这个专业了。最后梦想成真了，她以优异的成绩进入了南艺。此后，她开始了新一轮的奋斗。

由于在学校有扎实的表演播音功底，沈可在南艺的学习中显得很自信，这种自信洋溢在她那清瘦而秀丽的脸庞上，流露在她的笑容中。

“我以后可以设计自己的服装，年轻时还能自己走T台。”个头比我高的沈可自信地说。

“南艺有博士点，我要争取考博士！”这个苏州女孩用带着播音腔的普通话对我说。

“好啊！”我欣慰地赞道。记得她们这届是我到学校工作后送走的第一届毕业生，在毕业典礼上我送给毕业生两句赠言：You are pioneers! You have responsibilities!（你们是先锋！你们有责任！）

与沈可的对话让我再次感受到，这个时代的年轻先锋已经开始承担起自己的责任。若干年后，他们跨出了大学之门，又将各自在社会中找到角色定位。会经历艰辛、失落、得意、成功，会感受到清苦、寂寞、喧嚣、无奈，会了解青春、恒心、沟通、理解。

一时很多感触涌上心头，总觉似乎在哪读到过这种感触，于是，便找来读过的毕业赠言再次品读。不经意间，发现了这两句话："真正的强者，不是没有眼泪的人，而是含着眼泪奔跑的人。""教育的使命，是给学生带来信心、带来知识、带来希望。"——这是江苏省教育厅高教处袁靖宇处长在徐州医学院2014届农村订单定向培养临床医学生毕业典礼上的讲话。将原文推荐给大家一品，不管是对我们教师，还是家长、学生，相信都会有所裨益。

袁靖宇：致即将执业的乡村医学生

今天，我出席徐州医学院2014届农村订单定向培养三年制临床医学生毕业典礼，感到非常荣幸，也非常感动。今年的毕业季比往年热闹：有的高校给毕业生送高端大气上档次的励志戒指，有的高校模仿学位制给专科毕业生颁发"工士"称号，有的高校毕业生着汉服、行汉礼，金锣礼号齐鸣，场面盛大震撼……林林总总，令人目不暇接。与他们相比，我们的毕业典礼更像个家庭聚会，洋溢亲情、充满眷念。自古寒门出俊才，同学们多数来自农民家庭，很多人是家庭的第一代大学生。从今天起，大家将由从父母那儿拿钱的人变成反哺家庭、回报父母的人。所以，你们的毕业不仅是学校和基层卫生行业的荣耀和喜事，也是家庭和个人的荣耀和喜事！我要向学有所成、顺利毕业的同学们表示最热烈的祝贺！向所有为你们成长成才倾注心血和汗水的父母和师长，致以最诚挚的敬意！

同学们，跨出大学之门，你们会发现医学不仅是学业，更是职业。毕业意味着你们将从母校呵护的客户变成伺候医院客户的人，再通过两年助理全科医生培训，你们将在乡村一线为人民群众解除伤痛、护佑安康。职业医生应该是什么样的？John Harden博士在*A Practical Guide for Medical Teacher*一书中这样表述："一个知识虽有欠缺但却有较强能力的医生，他的能力包括恰当的态度、解决问题的能力和信息技术的应用。医生将会对诸多医疗卫生问题的解决方法，包括辅助医学和替代医学等有恰当的理解和评价，并且具有团队协作能力以及与同事、病人和雇主沟通的能力。"医者仁心，做一名称职的医生不仅需要能力，而且需要爱心和耐心！

同学们，跨出大学之门，你们会发现学习没有告一段落，而是刚刚开始。医学知识的复杂性，决定了在短短的学校教育时间内，不可能让学生什么都学会；临床操作的经验性，决定了在课堂教育以及所谓的实习期间，根本积累不了足够的经验可以圆满地治疗病人；治疗效果的不确定性，决定了即使用正确的方法去治病，也有可能治不好病甚至适得其反。同学们将去乡村基层工作，我想就治学用三句话与大家共勉。第一句话：志当高远。现实中一些基层医务人员的确是一辈子没什么大出息，究其原因，不在于基层环境不好，而在于没有好的参照系、人心容易懒散。因此，立志为先。第二句话：识当广博。光有志向不行，还必须有见识。比如用针灸镇痛代替麻醉药进行手术，二十世纪五六十年代就有很多人在临床及实验中尝试过了，无数报道证明针灸麻醉的疗效有限，如果你还在尝试做这个事情，未免有点浪费青春。第三句话：心当持恒。好医生必须具备两个要素，即长期的临床经验积累和长期的个人素养积累。厚积而薄发，离不开“恒心”二字。“不可能”对于那些懒得依靠自己力量去改变世界的人来说，只是安于现状的借口；“不可能”绝非事实而是观点；“不可能”绝非誓言而是挑战。

同学们，跨出大学之门，你们会发现这世上没有一件工作不辛苦、没有一处人事不复杂。虽然国家卫生部部长陈竺院士当年凭着自学做过江西省横峰县农村的赤脚医生，虽然全国人大常委会副委员长韩启德院士也曾经在陕西省临潼县偏远的乡村卫生院工作过十一年，但是他们的青春并没有红地毯。理想很丰满，现实很骨感。相对于城市，乡村是清苦与寂寞的：协议就业虽然能保证工资待遇，但不会很高；学历提高和继续教育虽然有政策，但是循序渐进需要时日；人生发展虽然有蓝图，但是相较于城市医院的同辈，似乎更是山遥地远。徐医三年获得的知识可助谋生，但未必可以处世。行医不能有任何的慌张，做人也是。真正的强者，不是没有眼泪的人，而是含着眼泪仍然奔跑的人。

同学们，跨出大学之门，你们会发现徐医是你动不动就可以痛骂，但绝对不允许别人说半个不是的地方。当年大多数同学是以高出本科的分数进入“定向培养、协议就业”的大专层次医学专业学习的。三年大学生活，你们从徐州辗转到数百里之外的盐城学习又回家乡医院实习，在主校区学习生活的时间只有短短一年。这里面多少艰辛多少失落，你们经历了，老师也是感同身受。没有一个医生不想治好自己的病人，没有一个老师不想教好自己的弟子，也没有一个学校不想照顾好自己的学生。你们能够体谅，老师也是念兹在兹。从2009年我省开展定向培养卫生人才以来，徐医承担了其中大部分的三年制临床医学培养任务，今年三年制专科停止招生。学校已经在着手考虑定向专科生继续教育、拓展发展空间的重大问题。我相信，在座的许多同学有一天还会回到母校继续攻读本科甚至研究生。教育的使命，是给学生带来信心、带来能力、带来希望。徐医的吴书记、郑院长用心良苦，此次毕业典礼特别请来关心支持定向培养项目的省卫生厅科教处孙处长为同学们壮行。面对未知的未来，省卫生厅和徐医是你们可以永远依靠的参天大树！

各位老师，同学们！现代之良医，应当是感恩的人、求真的人、爱学习的人、有同情心的人、有责任感的人和快乐的人。我希望同学们都能成为对社会、对家庭有能力和责任感的人。至于诸位中未来会不会有人成为陈竺和韩启德这样的医学大家，我确信，不排除这种可能。三百二十三名毕业的同学每人有每人的故事、每人有每人的精彩，让我们共同祝福并期待着！

祝同学们一路平安！

2014年11月4日

规范意识的养成

——2014 军训会操发言稿

2014年对于你们来说，是有特殊意义的一年。你们完成了义务教育，接受了中考挑战，跨入了苏州市第六中学这所江苏省艺术高中的大门，我谨代表六中全体教职员工欢迎各位加入六艺大家庭。

六艺蕴含着中国古代儒家教育思想，也是君子的六门必修课，即礼、乐、射、御、书、数。我们六中是一所艺术高中，六艺也就自然成了我校的简称和教育理想。

这几天，同学们还没进入课堂，就已经开始了诸多方面的学习。学习军礼，并一起操练，共同拓展，这些是军训这门课从表面上带给大家的收获，然而我更想看到的是军训带给你们的规则意识、合作态度和荣誉感。

今天和大家分享几个词组：Rule（规则）与Discipline（训练），规则是要以训练为基础的；Citizen（公民）与Civilization（文明），有了好的规则与秩序，才能做好的公民，才能守住文明；Community（a sense of community，社区意识），这样的文明就需要我们每位同学具有社区意识，也就是服务意识；Collaboration（合作）与Practive（实践），同时，要懂得合作，要去实践；Honor（荣誉）与Humanity（人格），要为自己赢得荣誉，赢得人格。

同学们，你们马上就要走进六中这个大家庭，相信在这里，你们会学到更多，收获更多，相信大家在这三年里都能为自己的荣誉和人格而战，我会一直陪伴大家。谢谢大家。

2014年12月11日

新学期，新目标，新要求

新的学期已经开始，在新学期中，我们将面临新的挑战，新的学习生活也孕育着新的希望。我们每一位六中人都站在新的起跑线上审视自己，以满腔的情怀投入新学期的工作和学习中去，以自己的勤奋与智慧，与同伴共同前行。

新的学期，新的目标，新的要求，在开学的第一天我想与同学们分享三句话：

学习者才是成功者

成功者不一定是能力非常强的人，但他们都是善于学习的人。学习是每个成功人士必须具备的一种能力。因为只有善于学习，才能将知识转化为行动。

有这样一个故事：在纽约的码头，有这样一位“大哥大”，他叫詹姆斯。詹姆斯只有初中学历，但他为什么能够成为码头的“大哥大”呢？因为当别人带着盒饭去工地的时候，他带着的却是一本书。他相信知识能改变命运，他相信岗位能成就事业。别人在闲暇之余去逛大都市的时候，他在研究图纸。他是这样说的：“人可以没文凭，但不可以没知识，可以不进高级的学府，但一定要学习。”他凭着这样的学习精神，成了桥梁吊装专家，成了码头的“大哥大”。

在现代教育的潮流中，一切都在不断地发展和变化，变化速度也越来越快。而唯一不变的，就是知识。因此，在忙碌的时候，我们想要跟上世界变化的步伐，最重要的一点就是必须努力学习。

永远都做有想法的人

我们常常会听到这样一句话：“我一天到晚都很忙，忙得没有时间去想。”然而，很多时候，就是因为“没有时间去想”，让我们与成功永远有日月之隔。平庸的人只知道“埋头拉车”，而那些聪明的人却总能想出解决问题的最好的办法。纵览名人的成败史，你们会发现，所有名人的成功靠的都只是一个简单的想法而已。

有一位才华横溢的年轻画家，在巴黎靠卖画维持生计，但却混得穷困潦倒，十分窘迫，因为他的画一张都卖不出去，那些画廊的老板只会寄售名人的作品，年轻的画家根本就没有机会让自己的画出现在寄售的画廊里。

但是，有一天，画廊来了一位顾客，迫切地向老板询问有没有这位年轻画家的画。画廊老板拿不出来，最后只好无奈地目送顾客离去。

在此后的一个多月，不断有人来画廊询问这位年轻画家的画，画廊老板开始为自己的无知感到后悔，并且渴望再次见到那位原来如此“有名”的画家。

就在老板焦虑之时，这位年轻的画家出现在了老板面前，他成功将自己的画拍卖了出去，并因此一夜成名。

原来，这位年轻的画家在自己口袋里只剩下十几个银币的时候，想出了一个聪明的法子：他雇用了几个大学生，让他们每天去巴黎的大小画廊闲逛，并且在走的时候都要问问老板：有没有这位画家的画？哪里可以买到他的画？

这位聪明的画家就是毕加索。

梦想激发潜能，梦想不是妄想

许多年前，有个贫穷的牧羊人带着他的两个儿子以放羊维持生活。一天，他们赶着一群羊来到一个山坡，这时一群大雁从他们的头顶飞过。牧羊人的小儿子问他父亲：大雁要飞去哪里呢？父亲回答，它们要去个温暖的地方，在那里度过寒冷的冬天，等到春暖花开的时候再飞回来。听了父亲的话，牧羊人的大儿子望着天空羡慕地说："要是我们能像大雁那样飞翔就好了，我要比大雁飞得还要高还要远。"看着两个儿子的神情，牧羊人沉默了，然后他慈爱地对儿子们说："只要你们想，你们也能飞起来。"两个儿子满脸兴奋地试了试，但没有飞起来。他们疑惑地看着父亲，充满了怀疑。牧羊人很坚定地说："让我飞给你们看。"于是他也挥了两下手臂，可是同样没有能够飞起来。可是他继续用坚定的语气说："我年纪大了所以才飞不起来，你们现在还小，只要你们肯努力，以后一定能飞起来，去你们想去的任何地方。"儿子们牢牢记住了父亲的话，几十年如一日，调动自己最大的激情和潜能，从汽车修理的最底层工作做起，一点点积累自己的资金和经验，并学习和研究先进的机械制造技术。一次一次的实验过后，他们最后真的飞了起来。他们就是美国著名的飞机发明者莱特兄弟。

“梦想指引我们起飞”，当然，莱特兄弟的成功不仅仅是靠着一个梦想。他们是在有梦想之后，坚持不懈地努力，才终于获得成功。很多人都知道梦想是一种积极的力量、一种催人上进的念头，但对于如何把梦想变为现实，他们往往拿捏不好。

你们一定要明白，梦想的实现，需要脚踏实地，一步一个脚印。决心实现长远目标的人都知道，那些进步背后有不断的努力，才使人终于获得成功。房屋是一砖一瓦盖成的，比赛的胜利是由比分一点点积累起来的，商店的营业额是由顾客一点点购物积累出来的，每个大的成功都是由一个个小的成功积累而来的。

梦想不是妄想，而是一种切实可行的计划，需要行动的时候脚踏实地，这样才能使梦想变成现实。

同学们，我想说，你们离成功只有一步之遥。思维的变通，拥有改变一切的力量。让我们浇灌希望的种子，让它在春天发芽、吐绿、舒展、茁壮成长。让我们迎着新征程出发！

2015年2月20日

充实之谓美

——成人礼上的讲话

今天我们在这里为高三的同学们举行这个成人仪式，祝贺同学们。法律上规定年龄满18周岁的中华人民共和国公民，被社会定义为成年人。你们不再享受《未成年人保护法》的保护，但是可以享受成年人享有的权利，开始拥有选举权和被选举权。

民法规定，18周岁的公民有完全行为能力，可以完全以自己的行为进行民事活动，只要不违法、不违背公序良俗就可以。

成人的一个重要标志就是同学们拥有了公民意识，正式成为中国公民。

这种意识是社会成员对自己基本社会身份的认同，也是公民支配自己社会行为的基本价值观念，广泛表现在社会成员参与政治、经济、法律、道义等社会生活的各个方面。公民意识的内容是基于公民的身份意识而构建的，它也可以基于核心意识而不断拓展，如：

1. 平等意识、独立人格：Equity。“人格”这一概念，通常在心理学上，被理解为一个人的“个性”，而在伦理学上被理解为一个人的“品质”。它是一个人的思想、行为的总体特征，是这个人所特有的内在品质。人格的塑造是一项知、情、意三方面的综合工程，而在这三者之中，情感教育却有自身为知识教育和道德教育所不能涵盖的特殊意义和作用。

2. 公共精神：Public。希腊人发明了Politics，这个词是从“polis”衍生而来的，意为“城邦”。有City（城市）就有Civil（公民的），就有Citizen（公民），希腊人发明的政府是以所有公民共同讨论，少数服从多数的投票表决方式得来的。这是直接式的民主——公民齐聚一堂，进行辩论决定政策。这是一种公共精神。

3. 自主、理性：Rational。《美丽化学》是由中国科学技术大学先进技术研究院和清华大学出版社联合制作的一个原创数字科普项目，该片包括“化学反应”和“化学结构”两部分。在“化学结构”部分，使用先进的三维电脑动画和互动技术，展示近年来在《自然》和《科学》等著名国际期刊中报道的美丽化学结构。我看到了浸泡在氢氧化钠溶液中的夏槿花朵在40倍速度的镜头下颜色的绚丽变化，看到了蛋壳在盐酸中瞬间产生气泡的美丽反应，看到了氢氧化钠溶液中通电后阴阳两极产生不同气体的体积之比。这是自然界的理性之美，各种事物，有生命的，无生命的，都在自主地选择着他们的美丽。

公民意识的实质是强调一个人在社会、国家中所处的地位及个人对自己政治地位和法律地位的自我认识。其核心是要使受教育者正确地认识、积极而负责地参与国家和社会公共生活，以发展国家和社会为己任。

《孟子》中《尽心下》讲“充实之谓美”。以好的品德充满自身便叫作“美”，“美”以“善”与“信”等好的品德为内在的充实物，也就是以仁义为根本，以仁义充实自己。在孟子看来，“恻隐之心、羞恶之心、辞让之心、是非之心”就是人之固有心性，即是仁、义、礼、智四种仁善的萌芽，用这四种固有心性来充实自身就谓之“美”。能成为最好的自己就是一种幸福、一种美、一种善。

愿大家得善得美，幸福快乐！

2015年5月8日

我是你的学校

孩子，我是你的学校。

那一天，我画了一天的画，不为其他，只为校园的那份气息；

那一月，我看过校园所有角落，不为发现，只为留住成长的足迹；

那一年，我唱起心中的歌，不为抒怀，只为享受爱的温暖；

那一瞬，我凝视背影，不为挽留，只为护你平安喜乐；

这一天，我回到校园，不为添彩，只为那割舍不下的情结；

这一月，我读遍画作，不为喜悦，只为那线条丝丝；

这一年，我舞出精彩，不为留影，只为守候你的到来。

孩子，我是你的学校。

你在，或不在，我的爱就在这里，不舍不弃；你念，或不念，我就在那里，不离不灭；你成，或不成，支持就在这里，不减不绝；你要，或不要，美就在这里，不多不少。

你的手就握在我的手里，我们相持相扶。

传递。让我伴随你的梦，尚美，欢喜；大爱，纯真。

孩子，我是你的学校，名字叫六中。

这是我到学校工作后写给学生的一首小诗，那是学校生活的一种写照，是教师们勤勤恳恳的述说，是学生们点点滴滴的汇聚，是追求教育本真的呼唤，是一种找寻大美的执着的梦想，是一个充满慈爱的学校的声音。

六中，一所普通高中；六中，一所充满艺术感的高中；六中，一所艺文并进的高中；六中，一所求真、崇善、尚美的高中。

2015年6月3日

笑对人生

——在高考动员会上的讲话

同学们，我知道大家现在多少都有一点紧张，多少都有那么一点怨愤。高考在即，每位同学都会有这样或那样的压力，有压力自然紧张，自然会有怨有愤。我理解大家，因为我也是这样过来的。

记得我高考那年是1992年。那年7月，天气很热，那时教室里没有空调，靠放置冰块来降温。我记得高考那天有只蚊子在那么多人里不咬别人只叮我，那天平日里可爱的蝉鸣声也好像是一种噪声。我考完后一声不响骑车走人，不去问答案、对答案。依稀记得当时还对家人说有什么紧张的，不过和期末考试一样呗。现在想想其实还是很紧张的，今天想想已是一笑而已。

考赴美研究生那年，我梦里都是英语单词。考试当天，特别怨恨坐我前面那个喝水的家伙，感觉他喝水像吃面，吮吸的声音就在耳边，害得我又忘记个把单词。唉！现在想想也是紧张啊！那个喝水的家伙也是紧张啊！今天想想又是一笑而已。

人生就是这样，紧张、压力、欢笑、舒缓、坚忍、成就。不紧张不能集聚精力，不能爆发你的“小宇宙”。大家看看动画片里的故事是不是都这样。圣斗士们、奥特曼们、功夫高手们是不是都是在紧张得不行时才爆发出能量，出手成功？所以你们紧张一下也是很正常的。从生理上看，适度的紧张有利于人体分泌肾上腺素，有助于人体提高注意力、集中思想、发挥潜力。我们只要掌握好自己的紧张程度就好了。按时就寝，保证营养，适度运动，可以听音乐、散步、和亲友聊天。这些都可以缓解紧张情绪。

其实伴随着紧张的一定会是欢笑。大家想想中考后的你们是不是喜笑颜开，大家想想艺考后的你们是不是一身轻松，甚至学业水平测试后你们都在找时间狂欢！因为有紧张必定有释放，有释放必定有欢笑，所以我请大家一定正视紧张，因为紧张后面一定是欢笑。欢笑永远多于紧张，永远在我们的生活中等待我们，只要我们每天进步，每天面对自己、战胜自己，我们都是冠军，你们都是冠军。

Because you are on a roll.（因为你正红运当头。）

请大家相信，当你在脑海中不断强化一个理念时，慢慢地它会成为你的一部分。

You say it long enough, it starts to be a part of you.（如果你长时间地这么说，它就会开始变成你的一部分。）

每位同学都可以成为冠军，只要你们有笑对人生的气概，只要你们有笑迎艰难的气魄。人生是一种承受，要学会支撑自己。愿你们永不放弃。祝福大家！

2015年6月5日

高中高在哪里

——2015级军训会操讲话

经过了近一周的军事训练，同学们互相之间从认识到熟悉，从各自为营到互相帮助，已经有了很多改变，表现出了强烈的团队精神和集体荣誉感。首先，我要代表全校教职员工对新同学加入六中大家庭表示欢迎，对大家圆满完成军事训练任务表示祝贺。

同学们，六中是一所以“德艺双馨，大爱尚美”为校训的四星高中，你们将在六中校园内度过你们青少年时代最为难忘的三年时光。这些时光将会由痛苦与幸福、沮丧与欢乐、失意与胜利组成。在这个过程中，我们将陪伴你们，你们的家人将陪伴你们，你们的伙伴将陪伴你们。若干年后，你们可能会忘记分析病句的几种方法，会忘记棱台几何体的性质，也会忘记非谓语动词最难的语法；但你们永远不会忘记陪伴你们的亲爱的老师，你们也不会忘记给你们取昵称的同学们，你们更不会忘记在六中舞台上、画展中、教室内那个懵懂的自己。因为这一切将和今天的军训一样影响你们的价值观。希望你们理解、接受、吸纳三年里一切有利于学习成长的要素，遇见那个最美的自己。

同学们，高中阶段不是仅有分数和考试的学习阶段，高中的英文是High school，高等教育叫Higher education，从字面就可以看出高等教育只是在高中原形上加了个比较级，这说明两者的关联度是很高的。高中的高高在成长上，大家都长高了、长壮了、长得更美了。高中的高更高在成熟上，大家更加理性地对待问题，更加智慧地处理矛盾。高中的高也高在学识上，你们将要学习比之前更难更深的学科知识、艺术专业技能，更加懂得人生的意义，这往往是你们这一辈子都难以忘却的，这就是你们慢慢形成的价值观。

在军训的过程中，大家展示出最团结、最有力量、最愿意合作的一面，这是大家的第一课，题目叫“团队”。希望大家永远记住——我们生活在团队中。作为团队的一分子，个人担当着团队的荣辱。

在六中，你们将会慢慢体验六艺缤纷的生活，可以选择刺绣、摄影、射箭、击剑等课程，社团组织、艺术团、交响乐团、舞蹈队，都是你们的舞台。缤纷生活蕴含道理，礼乐之道、射御之本、书数之妙，都有待同学们去探寻。

同学们，高中生活正张开双臂迎接你们的拥抱，希望你们在六中找到最美的自己，将这份留在你的生命相册中，你的美、我们的美汇集在一起，这样的学校一定让人羡慕、难忘，这样的你一定光彩照人，这样的人生起点一定美不胜收。

再次欢迎大家来六中，祝福大家学习进步，不负岁月。

2015年9月11日

记六中七十五周年校庆

七十五年对于一个人的生命而言颇为厚重，这不仅意味着他已步入古稀之年，经历了许多的风风雨雨，有许多值得回忆和述说的故事，也意味着他的经历和故事会给人启发。

姑苏城历来就是尚文重教之地，姑苏大地的学校自然是百花齐放。七十五年对于苏州的一所学校而言，并不算久远，虽并不算百年老校，但也是声名鹊起；学校并不算地位显赫，但也是桃李芬芳。

七十五年对于我辈来讲，唯有虔诚地阅读和体悟，唯有专心地梳理。如此，向七十五年的经历和故事致敬，让今天的篇章成为明天的故事，写入下一个年轮。

写在苏州六中七十五年华诞之际，愿两万余校友通达顺利，愿全体教职员工快乐向上，愿全体六中学子求善尚美，愿六中蒸蒸日上，百尺竿头。更要向为此次校友活动无私奉献智慧和力量的校友、同事致以崇高敬意。你们的付出为校友和学校之间搭建了最好的桥梁，让所有六中人能快乐相聚，携手共赴美好！

让爱汇聚，让美集合，让一所有爱有美的六中为所有校友自豪！

2015年10月9日

品味人生，品质学校
——写在校庆七十五周年

如果把学校视作一个人，那么六中今年七十五周岁了，到了这个年龄的人，一定是有许许多多值得品味的人生心得，也有长年积淀而成的品质。

如果把学校比作一个家，那么这是一个教育之家，这就意味着要传承家风，意味着要思索前行，意味着要认清教育。

纵观六中历史，有原中学，第六中学，初中、高中，国家级示范校，艺术特色引领……一步一步，行走不易；一步一步，坚实有力。其原因在于六中历代人教书重开悟，既能格、致、诚、正，又重修、齐、治、平。需感怀，念母校代代出英豪。

钱穆先生云：“最高的教育理想，不专在教其人之所不知不能，更要乃在教其人之本所知本所能。……教育与受教者，自始即在人生同一水平上，同一境界中。此是中国教育思想上最主要纲领。”这也就是孟子所说的“如时雨化之”。一经时雨之降，那泥土中本所自有之肥料养分，便自化了。我们所以称教育，常曰：“春风化雨。”故《中庸》乃特地提出一“育”字，曰“万物育焉”，又曰：“万物并育而不相害，道并行而不相悖。”又提出一“化”字曰：“小德川流，大德敦化。”一切人事皆须有外来之教，而人生之内在则必须有育。故七十五载风雨征程，教两万余学子，育众多社会精英，其原因在于六中历代教书人信“春风化雨”，既让学子享受外来之教，又让学子内化成育。今日归来，校友添彩，母校荣光。

上述乃七十五年人生品味一二。七十五载春秋，于人生已入暮年，于学校尚待发展，品味之余观未来，望母校继续精彩多彰，盼校友通达顺畅。

校庆纪念日于校友，就如同母亲的呼唤，感谢今天回到母校的诸位前辈、同辈和新锐一代听母校品味人生。

希望我们大家一同努力，把六中建成一所5S的高品质的现代高中。这个5S是指：Soft，她将保持一颗柔软的心，为飞翔者托起翅膀；Sunny，她将拥有阳光的心态，用公开带来公平、公正；Select，她将用放大镜和望远镜去放大和发现每个孩子的优点，去帮助孩子挖掘潜力，帮助孩子选择自己的道路；Say sorry，她将勇于道歉，尤其向孩子道歉，知错就改，唯有如此，才能熏陶出同样的学生；Speed，她将抓住机遇，迅速出击，让自己跑上美育改革的快车道。她将习惯于择高处立，寻平处坐，向宽处行，务实稳健，坚守理想，一切为了民族的未来。

这将是个拥有Soft、Sunny、Select、Say sorry和Speed的5S高品质学校，让我们共同努力，期待未来更好，期待教育更好！

感谢各位老领导的奉献，感谢各位校友的倾心帮助，感谢全体同事的兢兢业业！祝母校昌达、明德、辉煌、卓越！谢谢大家！

第34个教师节的讲话

亲爱的同学们，老师们：

大家早上好！

今天是个特殊的日子，今天是教师节，这是我国的第34个教师节，但就我们龙游湖师生来讲，这是我们在一起度过的第一个教师节，意义非凡。

有你，有我，有孩子；有情，有爱，有追求，有梦想。人生在于选择，我们很庆幸选择了教育这神圣的领域，选择了教师作为我们为之奋斗的职业。我们自豪的同时，感到沉甸甸的责任，因为选择成为教师就意味着选择付出爱——对孩子的无私之爱，对师长的敬重之爱，对学科的执着之爱，对生活的点滴之爱。由爱及人生，让教育融入你的血液。在此我想代表全体教师，对我们的首批学生深情地说一声：我爱你们，我的孩子们、朋友们！我还想代表学校对每位教师说一声：我爱你们，你们是学校最大的财富！

选择了成为教师，就意味着我们选择了终身学习。教师是学生们的榜样，我们的学习力也将传递给学生们。教师不是百科全书，教师应该是打开百科全书的钥匙或灵感的源头。在此我向全体教师和同学发出倡议：让阅读浸润生命，让艺术如影随形，让科学深耕心灵。

选择教师就意味着我们选择了影响力。教师的影响可能会伴随孩子的一生，这是我们作为教师的神圣所在。教师要成为学生品格、品行、品味的“大先生”。“云山苍苍，江水泱泱，先生之风，山高水长。”先生，一个称谓，一种修为，一卷隽永，你们的名字将永远刻在孩子的心上。

龙游湖畔，一所新校耸然而起，因你们而美，因你们而立，因你们而傲。亲爱的老师，你们是龙游湖学校的创业者，你们是孩子成长道路上的引路人，你们是教育改革途中的开拓者。

老师，请允许我叫响你们的名字，我们感恩有你们，我们睿智同行。

还有那些我不知道名字的建设者、维护者、服务者，你们每一位都将为龙游湖学校添上绚烂的一笔。

我们心怀感恩，我们共同度过光辉岁月。

2018于如皋龙游湖畔

在国际高中2018年第一学期结业式上的讲话

亲爱的老师们、同学们，尊敬的家长们，大家下午好！

光阴似箭，今天是我校国际高中第一学期期末的结业仪式，刚才我用英文对在座的每一位表示了感谢和期待，下面用中文与各位同学和家长交流几个关键词：

第一个词与家长朋友们共勉——“家风”。在这个物质丰盛的时代，优厚的生活条件、优越的教育环境等，愿望很容易得到满足。可真正的教育，并不仅仅如此。当社会越是进步时，人们便越发重视精神世界。新时代的父母，越来越多地关注孩子的教养，希望孩子在健康成长、得到知识之外，有人文的修养和底蕴。父母是孩子的第一任老师，孩子的修养首先在家庭教育中养成。所以，家风在强调教养的教育中常被提起。这是一种潜在无形的力量，在日常生活中潜移默化地影响着孩子的心灵，塑造孩子的人格，是一种无言的教育、无声的力量。在最基本、最直接、最经常的日常交流中，都会打上家风的烙印。希望家长们能为家风教育点亮一盏灯，让我们的学生在生活痕迹中领会家风教育的智慧。

第二个词与老师们共勉——“反馈”。韩愈说：“师者，所以传道授业解惑也。”在古代，老师能不能解惑是关键；而在现代，随着信息技术的迅猛发展，人们获得知识变得更加容易，那么老师的作用就是提供“即时的反馈”。世界上最好的高尔夫球手、国际象棋棋手，他们的水平都超过教练，可为什么他们要请教练？因为他们需要老师以旁观者的身份提供即时的反馈。约翰·伍登是美国最具传奇色彩的大学篮球教练，他曾经率领UCLA（加利福尼亚大学洛杉矶分校）在12年内10次获得NCAA（美国全国大学体育协会）篮球联赛冠军。两位心理学家全程观察了他的指导课程，甚至记录下了他给球员的每一条指令。结果表明，在记录的2326条指令中，6.9%是表扬，6.6%是不满，而有75%是纯粹的信息，也就是做什么动作和怎么做。他最常见的方法是三段论：演示一遍正确动作，表现一遍错误动作，再演示一遍正确动作。这样的方法就如同教武功，对一招一式随时纠正，学生若不对则可以马上改，以避免错误动作形成习惯。我请我们的老师向伍登教练学习，不需要激情的演讲，而需要给学生非常具体的即时反馈。我们要事先进行无比详细的计划，好教师，仿佛有一种神奇的、知道学生在想什么的能力。好教师要因材施教，源源不断地提供具有高度针对性的具体指导。

第三个词与同学们共勉——“Grit”。这个单词有“粗砂石，勇气，决心”的意思。我提到这个词是因为纽约时报的一本畅销书——*GRIT the power of Passion and Perseverance*。这是一本心理学家托索讲述成功者秘密的书。这本书是以美国著名的西点军校选拔学生为开篇的。14000多名优秀学子申请，仅4000人获得提名，有2500人学术和体质达标，最终录取1200人，还有五分之一的人无法毕业，更有一部分被录取的学生在第一个为期7周的暑期训练营就被淘汰。作为心理学家的作者对这部分精英人群进行了分析，决定他们能够继续成功留下来的因素是什么？或者说成功者的特质是什么？所有成功者的背后就是“Grit”这个词，我们可以把它翻译成“坚韧”。我给大家看过天生就没有双手双脚的力克博士，他的人生很好地诠释了这个词——一次次反复，一天天坚持。最近，华为成为新闻焦点，我想分享给同学们华为Mate 8发布会的主题曲“Dream it possible”（《梦想成为可能》）的几段歌词：

I will run I will climb I will soar.

我奔跑，我攀爬，我要飞翔。

I'm undefeated.

我所向披靡。

Jumping out of my skin pull the chord.

跳出我的桎梏，拨弄琴弦。

Yeah I believe it.

是啊！我坚信。

The past is everything we were don't make us who we are.

历史决定曾经，但并不能决定现在的你和我。

So I'll dream until I make it real and all I see is stars.

所以我会不懈追求梦想，直到梦变成真，直到窥见漫天星光。

It's not until you fall that you fly.

不畏跌倒，所以飞翔。

When you dreams come alive you're unstoppable.

当梦想成真，你便无可阻挡。

take a shot chase the sun, find the beautiful.

挥着双翅，追随太阳，寻找美好。

We will glow in the dark turning dust to gold.

我们会在黑暗中耀发光芒，点石成金。

And we'll dream it possible.

我们期盼梦想成真。

Possible.

梦想成真。

And we’ll dream it possible.

我们期盼梦想成真。

就把这段歌词送给我们的国际高中，送给每一位同学，祝愿你们梦想成真！

谢谢大家！

教育启航

做一名内外兼修的校长

一艘大船要在大海中乘风破浪而至终点，需要一个经验丰富、沉着冷静的领航人。同样，学校这艘在知识的海洋里航行的大船，承载的是无数学子的未来，而能否到达我们预设的目的地，这艘大船的领航人——校长，有着无比重要的作用。

正如著名教育家陶行知先生所言，校长是一个学校的灵魂，要想评论一个学校，先要评论它的校长。新加坡校长委任状上的附言这样写道："你的手中是许许多多正在成长中的生命，每一个都如此不同，每一个都如此重要，全部对未来充满着憧憬和梦想。他们都依赖着你的指引、塑造及培育，才能成为最好的个人和有用的公民。"可见，在学校，校长是关键，是第一责任人，是学校建设与发展的灵魂。一所学校办得好不好，校风怎样，学风怎样，各种活动开展得怎样，培养的人才质量怎样，从根本上来说，取决于校长。一个好的校长，能带出一个好的学校，能带出一批好的教师，能培养出一大批优秀的学生。一所学校，无论其规模大小，校长都肩负着比教师更多的责任，因而也必然承负着更高的素质要求。

如果说校长是一个学校的灵魂，那么其专业精神就是一个校长的灵魂。何谓校长的专业精神呢？华东师范大学陈玉琨教授把它界定为：校长具有强烈的使命感、责任感以及对社会、对民族、对每个学生发展的强烈追求。概括地说，就是“识大势、明大事、成大师”。笔者认为：识大势，即全面贯彻党的教育方针，坚持立德树人理念，加强社会主义核心价值体系教育，完善中华优秀传统文化教育，并了解社会发展的趋势，了解社会对教育的需求，对教育发展具有敏锐的思维和深刻的洞察力，紧紧把握学校的发展；明大事，善于运用正确的教育理念和先进的管理理念引领学校的发展，积极开展学校的教育改革，做到学校发展达到高起点、高规格、高品位，把学校打造成响亮的品牌；成大师，就校长自身而言，既要会管理，又要成为教育的“大师”、教学的“大师”，同时又要通过各种激励措施营造氛围，鼓励学校的教师不断学习，让他们成为大师。当然，实现上述这些发展目标，既是一种认识，又是一个奋斗过程，需要不断地探索和实践。

根据自己担任校长以来的体会，笔者认为校长该是“内外兼修”的。这里所说的“内外兼修”，不仅是校长本人所追求的目标，同时也应是学校发展的目标。

“内”，指校长要具备良好的个人素养，应该是一个政治过硬、道德高尚的贤者，一个乐学好问、知识渊博的智者，一个多谋善断、讲究艺术的能者，一个胸怀坦荡、心中有爱的仁者。

一方面，校长要有宽广的胸怀，要有兼收并蓄的包容性。作为一个学校的领导者，校长不必、也不可能在方方面面都比别的教师能干，但一个好校长必须是识才爱才、扬人所长的人。俗话说：“火车跑得快，全凭火车头。”但校长充其量也不过是一个方向盘，现今社会更加强调的是团结合作，所谓“三个臭皮匠，顶个诸葛亮”。学校真正的火车头应该是以校长为核心的学校领导班子。所以作为校长，首先，除了自身起到良好的示范、引领、表率作用外，还应以包容求同存异，以整合求互补共存，以互补求团队共进，带领领导班子成员一起进步成长，从而催化生成最大的绩效。其次，校长要吸引更优秀的师资队伍，让年轻人脱颖而出，尽情施展才华。我校35周岁以下青年教师在全校教职工中占比55%以上，是学校重要的师资力量。学校的兴衰、教育的成败、今天的发展和明天的腾飞都维系在他们身上。如何发挥青年教师的才干，调动他们的工作积极性，是我校当前所面临的最大课题。对此，我校通过开展党团活动、教育叙事征文比赛，进行校学科带头人、校教坛新秀和教学能手的评选，发起有效教学探讨，等等，搭建专业成长、交流展示、师生互动的平台，加快骨干教师的梯队建设，帮助青年教师成长、成才。

另一方面，校长要善于学习和思考。学习是校长提升理论水平和管理能力的必由之路。这不仅是提高修养、明辨是非、净化心灵、充实人生的渠道，也是增强知识才干、提高领导能力的重要手段，同时还是建立学习型社会、做学习型校长的客观要求。校长要亲自带头，带动全体师生用书香浸润校园。同时以科研为抓手，引领教师成长。苏霍姆林斯基说过：“如果你想让教师的劳动给他们带来乐趣，使天天上课不至于变成一种单调乏味的义务，那你就应当引导每一位教师走上从事研究这条幸福的道路上来。”以科研带动教师发展，以教师发展带动学校发展，以理念引领，促进自身的学习，以积极的心态、健康的体魄，应对瞬息万变的社会。

“外”，不仅指与国内各个学校、社会组织机构的交流，亦指与国外的交流，即校长要具备国际视野，用先进的理念引领学校发展，提升学校的国际知名度。一方面，挖掘国内有利资源，提升学校品位。苏霍姆林斯基说过，学校领导首先是思想的领导，其次才是行政的领导。作为校长，应该为学校注入先进的教育理念，积淀独特的文化内涵。为此，我校积极引入吴文化学习，开展粉画艺术进校园等活动。同时积极探索校外人才的柔性使用，聘请王芳等艺术名家以及同济大学、南京师范大学、江南大学、苏州大学等高校的专家来担任我校的外聘专家，通过挖掘社会资源、高校资源，来提升我校艺术师资的实力，为学生的专业学习、教师的专业发展、学校的艺术品牌建设提供有力的保障。此外，依托学校地处园林的优势，打造园林文化艺术课程建设基地，并以此为抓手，进一步加强艺术教研组建设、学科专业建设、教风学风建设，落实艺术常规管理、艺术学生管理，努力提升艺术教学质量。我们还与国内多所高中进行交流，如郑州四十四中、青海省艺术高级中学、南京三中、洛阳市第九中学、青岛六中等。通过交流，我们既向其他学校学习了其办学的优点，又促进了教师之间的相互学习与提升。

另一方面，学习国外先进教学理念，拓宽师生的国际视野。随着经济全球化的深入推进，各个国家都在交流合作中迎接人类共同面临的问题与挑战。在教育领域，各国相互影响、相互依存的程度不断提高，用现代先进的教育思想和科学技术武装人们，不断更新教育理念、教育内容、方法与手段，培养出适应国际竞争、具有创新能力的新型劳动者和高素质人才，是全球教育发展的必然要求。作为校长，要进一步拓宽国际视野，拓展教育合作领域和渠道，谋求与世界发达国家广泛开展教育合作与交流的机会，建立更多的优质升学通道，从而提升学校办学的水平，扩大学校的知名度。我校目前正在积极走出去，学习先进教学理念。通过对外交流，教师们进一步开阔了视野，他们在艺术教学、课程设置、艺术招生、管理等方面收获颇丰。通过参加2013中国国际教育年会等活动，了解到目前国际教育交流的现状和发展趋势，为学校下阶段的发展明确了方向。同时我们又积极请进来，拓宽师生的国际视野。我们邀请了俄罗斯苏霍姆林斯基教育思想研究会主任等来校进行“苏霍姆林斯基教育思想”专家讲座，三位外籍专家展示了如何在教学中贯彻苏霍姆林斯基的教育理念。通过讲座，我校教师更加深入地了解了苏霍姆林斯基的教育思想，每位教师都有所感悟，多数认识到：在今后的教学实践中要平等地对待每一位学生，对每个孩子都要给予关注。此外，我们邀请到乌克兰中央美院院长与我校美术教师进行教学研讨，通过研讨及一对一的点评，大大提升了我校美术教师的专业能力。同时也邀请过美国罗德岛设计学院、德国劳西茨音乐学院、韩国全罗道外国语高中、意大利卢索服装设计学院等来我校访问交流和讲学。这些交流合作活动，不仅为跨文化教学提供了相互交流、教学相长的优质平台，使我校师生提升了文化素养、拓宽了文化视野、提高了跨文化理解能力，而且还充分展示了我校70年办学历史的深厚积淀、20余年艺术特色教育丰硕的办学成果，进一步提高了我校的知名度。

“一个好校长就是一所好学校。”校长对学校的发展，起着指引方向、凝聚人心、汇聚人力的巨大作用。尤其是在实行校长责任制的今天，校长应该如何丰富自己的教育思想、提升自己的教育理念、提高自己的管理水平，是做一名合格校长、优秀校长永恒的主题。

2014年1月2日

博雅教育

女儿开始练习唱评弹了。我和妻子都是土生土长的苏州人，女儿自小也说苏州话。可从小学开始，女儿一口苏州话慢慢转变成了标准的普通话，让人没想到的是，我们竟也被她带着说起了普通话。我心里总是犯嘀咕，这样下去，苏州方言岂不是要被她忘记？妻子是个有心人，有一天和我商量此事，认真严肃得很。她灵机一动，提议让女儿去学评弹，一来唱歌是她喜欢的，二来可以练习正宗苏州话，三来可以多学一门才艺。

意见一致后，我们决定将这一举多得之事进行到底。于是乎，请出文化系统的熟人来介绍老师，而老师的选择又有几分讲究。首先，必须是闲散者，能抽出时间来教一个小学生，名声太大者，弟子众多故而忙碌不堪；其次，必须是基本功扎实的专业人士，这样教出的学生才能字正腔圆；最后，就是必须有教学经验，懂得激发孩子的兴趣，让女儿能愿意学下去。于是，朋友梳理了一圈，最终推荐了潘老师、陆老师夫妇作为女儿的启蒙老师。

夫妇俩已经退休，慈眉善目，温文尔雅。女儿对二位老师十分喜爱，一首《苏州好风光》经屡次练习，颇显风采。当初给女儿取名，就暗含了琴棋书画之意，希望她汲取中华文化的精髓，成为国际化的中国人才。在妻子和我看来，音乐之美源自自然，传统的民乐更能传达中国风韵；围棋可让她明白我们的人生需按“定式”去走，但每个人的人生就如每一盘棋，绝无雷同，需进行自我的思考；书法是练就气韵的最佳方式，且有助于调节心情、促进健康；国画是追求意境的艺术形式，人生的意境在于自己的心灵是否美丽和豁达，它是不断追求而达到的美妙境界，与泼洒勾勒在宣纸上的效果一样。这些让女儿慢慢地去理解体会吧！

读书时看到了“博雅教育”的说法，就是指什么都会一点，在某件事上多懂一点。教育部中学校长培训中心原主任陈玉琨教授说：“基础教育要重视博雅教育，让学生各方面都懂一点。但如果只有博雅教育，中国的经济不会发展，因此我们不能没有博雅教育，也不能只有博雅教育，可以不叫博雅教育，但要有博雅教育的思想和精神。”

欧洲文艺复兴时期诞生了很多博学家，如达·芬奇、拉斐尔、米开朗琪罗等，他们博学多才，简而言之为通才。他们在多个领域均有出色表现。文艺复兴的英文Renaissance，“Re”是前缀，是再一次的意思，“naissance”是诞生的意思。其意大利文Rinascimeto亦是如此构成。当下的中国会不会出现一次“文艺复兴”，我不敢妄言，但身为教育者，衷心希望我们的学生在学校不仅能学知识，同时能学文化、修品行；作为父亲，我亦期待女儿有完整的人格、鲜明的个性，有修身养性的艺术伴随。

朱光潜先生说：“人必须有出世的精神才能做入世的事业。”他写的《文艺心理学》一度让我爱不释手。如果每位家长都能分享其中的智慧，我们的家庭教育岂不更有作为？如果每位校长都能领会其间深意，我们的学校岂不更加有希望？人生有期待就有希望，我期待着，践行着，希望着……

2014年1月2日

再谈博雅教育

这是我到学校的第二年了，又到了桂花飘香的时节，校园里到处散发着阵阵幽香，沁人心脾，令人心神俱驰。

明德、博雅、涵慧三座牌楼落成了，颇有气势，配以许乃钊、瓦翁、华人德先生的抱住对联，更显得文气典雅。在这座宅子里办学，中华传统文化是能够得到传承与弘扬的。“明德”源自《大学》的“大学之道，在明明德”，很有现实意义。“办学的宗旨必须明晰，育人的目标必须明晰，成才的方向必须明晰”，挂在行政楼上旨在时刻警醒我们这些教育者。明德楼的抱对选的是许乃钊的书法：“日有所思经史如诏，久于其道金石为开。”

靠近东北街的门楼上挂着“博雅”两个字，我想这也是一直在提醒我们要推行博雅教育。我对博雅的理解还是源自英文。当时在国际处工作，自然而然地进行了中西教育比较，特别是本科阶段的高等教育。在我们看到的美国大学排名中不乏许多的文理学院，如达特茅斯学院（Dartmouth College）、阿姆赫斯特学院（Amherst College）、韦尔斯利学院（Wellesley College），它们都有共同的名字，那就是Liberal Arts（文理学院）。

“Liberal”这个词在这里有几层含义，第一当然是其原意——自由，即尊重每个人学习选择的自由，有点卢梭的自由教育哲学观的味道；第二是培养有“自由精神”的人，不仅注重其知识层面，更注重其思想精神和思考能力层面，有点情感、态度和价值观的味道。

“Arts”这个词在这里不仅仅是我们通常认为的“艺术”，诸如绘画、音乐等，而是“Skills acquired by experience or study or observation”和“A branch of learning”等多种意思的合成，其意思是培养学生通过经验、学习、观察以获得技艺，以及一系列的知识，它是指素质、能力和思维。

基于这些哲学，美国大学的文理学院不遗余力地发展博雅教育。哈佛大学杜维明教授考察了美国、中国（含香港和台湾）的博雅教育后做了如下总结：博雅教育在美国被称为“Liberal arts education”，在中国大陆（内地）普遍被称为“素质教育”，在中国香港被称为“博雅教育”，在中国台湾被称为“通识教育”。

虽然各地的博雅教育有所不同，但其精神内核是一致的，就是为培养学生的学习欲望，训练审辩式思维，提高人际交往能力和教育学生履行公民义务的教育体制。它的特色是有深度还要有广度，关注的是如何把一个人教育成一个具有广博的知识背景、能独立思考、能解决实际问题、具有价值观念和道德操守的健康个体。

西方教育起源于古希腊的教育，而古希腊的教育就是一种博雅教育，这也是西方教育的根基。在中国，追求“渊博雅正”是古代教育的至高追求。

《中庸》中明确做学问应该“博学之，审问之，慎思之，明辨之，笃行之”，《论衡》记载“博览古今为通人”，这都是古代学者注重博览群书、知人文、通古今的佐证，他们认为博学多识必能通权达变、知书达理，博学识者才是兼备多种才能的人。如《后汉书·杜林传》中所言：“博雅多通，称为任职相。”《明史·李默传》中记载：“默博雅有才辨，以气自豪。”鲁迅在《朝花夕拾·后记》中指出：“不知海内博雅君子，以为何如？”

又如《周礼·保氏》中提到的六艺，我国古代文化中提倡的琴棋书画，都可以归属到博雅教育的范畴。可喜的是，今日之六中能紧随发展的步子。

2015年3月19日

美在教育真性情

近日在读蔡元培先生关于美育的几篇文章。先生的文字深邃客观，简单易懂，又激动人心，将美育与人生，美育与宗教，美育与智育、德育之关系，讲得丝丝入扣，有理有据，读来真如醍醐灌顶。

“美育者，应用美学之理论于教育，以陶冶性情为目的是也。人生不外乎意志，而人与人互相影响，莫大乎行为，故教育之目的，在使人人有适当之行为，即以德育为中心是也。故欲求行为之适当，必有两面之虑。一方面，计较利害，考察因果，以冷静头脑判定之。凡保身卫国之德，属于此类，赖智育之助也。另一方面，抛却结果，不计生死，以热烈感情奔赴之。凡与人同乐，舍己为群之德，属于此类，赖美育之助也。所以美育者，与智育相辅而行，以图德育之完成者也。”

蔡先生从比较的角度，展现了中国的传统美育与西方的经典美育，阐述美育与美术的差异，也为我们描绘出一幅学校、家庭、社会的理想美育画卷。漫漫人生路，假若我们能将这些丰富思想、积极经验作为前进的基础，该是何等幸福。

今日之教育，尤以知识传授、技能教导为核心，学生以分数之高低论英雄，教员亦以合格率、高分率论成败，此过程有美感否？能培养感情否？能淬炼意志否？

蔡先生讲道："游戏、音乐、图画、手工等固为直接的美育，而其他语言与自然、历史之课程，亦多是以引起美感。"美育的概念深入教育各课程、各环节：数学中的黄金分割之美、几何学中的图形之美、物理学中的光电之美、化学中的反应之美、植物学中的活色生香之美、动物学中的形状与色泽之美、地理学中的名胜奇观之美、历史学中的人物史诗之美，更有语言学中的文化差异之美……这无穷之美，在乎师生心灵之间，在乎各科和谐之间也，各美其美。这些美都在教育真性情。

1956年7月28日，毕加索会见了张大千，他捧出五大本画册请大千先生观看，而这五大本画册都是其临摹的中国画。这位西方画坛的领军人物在75岁高龄时还能这么虚心地讨教东方艺术，这种对中国艺术的仰望和学习精神让大千先生也为之动容。艺无止境，学无止境，当大千先生从另一位艺术巨匠身上清晰地看到这一点时，他的感慨已从微小的个人升华到对大美世界的深深敬仰！这恐怕也是蔡元培先生所说的"美育者，与智者相辅而行，以图德育之完成者也"。

再如吴冠中先生面对《南方周末》记者采访时，再三声明："对报考美术学院的学生，一些老师和家长应该给他讲明利害，学美术等于殉道，将来的前途、生活都没有保障。如果他学画的冲动就像往草上浇开水都浇不死，这样的人才可以学。"当被问及如何看待朱德群、赵无极两位同学的差异与人生抉择时，他很形象地给了个比喻：那两位是法国花园里的玫瑰花，自己是鲁迅作品里的蜡梅花。

大艺术家往往以德高艺馨为人生准则，从中国古代的颜真卿、文徵明、米芾到现代的张大千、陈逸飞、吴冠中、杭鸣时，西方的毕加索等，个个都是真性情的爱艺术者。

艺术就是真性情，美就是真性情。美的教育也就是真性情的教育，教育之美亦美在真性情。

2014年5月15日

用教学改革、科研进步促教师共发展

转眼间，一个学期已经过半，在大家的共同努力下，我校取得了很多成绩：我校获得了2014年苏州市直属普通高中“科学提高教学质量奖”、“三走进三服务·百千万”教师回报社会活动优秀组织奖，我校舞蹈队获2014年苏州市教育局直属学校中小学校中学生舞蹈比赛高中组一等奖、江苏省社会舞蹈大赛金奖，我校学生在苏州市第六届“普通话、苏州话、英语口语”大市比赛中荣获一等奖，我校老师在工会组织的第四届教职工健身操交流比赛中获最佳魅力奖，我校的《六中简报》获2014年“中国校园媒体示范学校推选暨中国校园优秀校报校刊校网作品征集”一等奖，我校“苏州园林文化艺术课程基地”被评为苏州市示范课程基地，我校的“击剑运动课程基地”也申报成功。同时，我本人最近也收到了几位老师的喜帖，这一点点成绩、一件件喜事，与各位努力营造的良好校园氛围是分不开的。

学校的发展是什么？就是每一位教师的发展，每一位学生的发展。只有把教师、学生发展好了，学校才会发展，所以我们校长所想的就是每一位教师、每一位学生在想什么、需要什么。我们的学校取得了一定的成绩，但要发展就要改革，我们需要大刀阔斧地进行教学改革，让更多的学生得到最合适的教育。我在北京育英中学、北京十一中学、北京人大附中进行参观的时候，最大的感触就是他们校本课程的开发已经达到了200多门，一位同学一张课表。这就对我们的老师提出了要求，我们的园林文化基地已经开设了19门课程，更多的老师要参与到校本课程的开发中来。

我们很多老师害怕教科研，怕写论文。当我还不在中学校长岗位上的时候，我也一直反对这个做法：中学教师为什么一定要写论文？写论文、搞科研是大学老师的事情。但随着我在中学待的时间越来越长，也由于我接触到一位优秀校长，其点拨让我如醍醐灌顶，我觉得教科研是我们老师发展必不可少的一块。什么是教科研？我昨天听了张利亚老师的一节英语课，她上课的形式就是一篇论文的基本构成：首先是提出问题，用图表的形式反映学生不喜欢英语的原因；再针对这些数据进行分析，有哪些同学是因为英语语法较难，或者有哪些同学是对写作不感兴趣等，从而得出结论；最后针对问题提出建议，这样一篇论文也就水到渠成了。我相信张利亚老师按照这个方式去思考，她的论文会源源不断地产出。每位老师都要去思考，去研究，对自己所教的学科进行思考，对自己所带的学生进行思考，这样何愁写不出论文、做不出课题呢？

教学是学校的生命，如果教师只看分数，失去的将是所有学生；如果教师看到的是每一位学生，得到的将不仅是分数。如果我们每位老师眼睛只盯着分数，他可能就看不到课堂里那些睡觉的学生、那些走神的学生，他可能就看不到学生今天的分数背后所存在的东西。信其师，信其道，当我们的眼睛里有了人，我们关注到了每一位学生，以学生的长久发展作为我们教育的初衷，那教育的目的自然也就实现了。

对于老师而言，最重要的就是课堂教学，特别是课堂教学的有效性。最近我们教务处组织了“我的课堂我设计”优质课评比活动，这个活动组织得很好，老师们积极准备，上完之后，我们的评委老师针对每一节课进行点评，在这个基础上，每个备课组再磨一节课，集教研组的力量推一节好课，大家一起学习。我们下周五还会和四中展开校际联合课，这些活动就是有效的，为老师搭建平台，促进老师进步。我们学校就是要搭建各种平台，把我们这些兢兢业业、认真做事的老师捧起来，让他们体会到自己的价值。有些老师也提到，在一个班级里，有些同学100多分，有些同学只有10多分，如何实现有效教学？我们在高一数学课上要尝试分层教学，具体实施方案教务处已经在思考了。我们要在教学改革方面形成一系列制度，通过教代会响应，提高每一位教师的积极性。

我们学校的办学理念是“大爱尚美”。爱，就是要爱我们的学校，爱我们的学生，爱自己的学科。每一位老师都要从自身努力，用大爱的理念做好每一项工作，实现个人和学校的可持续发展。

2014年12月11日

课程设置中的矛盾解决之『道』

回归教育本原，如何设计课程，这已经成为许多教育者思考的问题。我更相信，有什么样的育人目标就会有什么样的课程，有什么样的课程，多数情况下就能培养出什么样的人才，这是一个逻辑循环，环环相扣。在这里，人类早期的课程思想或许能给我们一些启示。

我国周代的六艺，即礼、乐、射、御、书、数六项基本才能及其课程体系——五礼、六乐、五射、五御、六书、九数，可能是我们东方教育最早的课程体系了。之后的课程都与六艺有关，但逐渐窄化，课程教育最终定格在对几部儒家经典的挖掘和引申上，反而不如早先的六艺全面。这六艺基本上涉及了德、智、体、美几个方面，在某种程度上讲是一套很完整的课程体系，反映了我国封建社会早期对一个“全面发展的贵族”的看法。相对而言，我国早期的礼、乐、射、御、书、数对今天的课程也具有启迪意义，就我所知，一些学校古代文化方面的校本课程还会以六艺作为分类标准。

那么，西方早期的课程体系是什么样的呢？

我在美国访学时走访过许多中小学，非常关注他们的课程设置。在一些学校介绍中常常能听到两个拉丁词——“Trivium”和

“Quadrivium”，它们是西方课程发展初期就有的两大类课程的统称，是西方七艺的两个纲领，一直沿用至今。Trivium的意义与我们所讲的“人文学科”相接近，Quadrivium则更接近我们说的“自然学科”。在这两大分类下，古希腊人把一个人需要学习的内容分成了七类，也就是西方的七艺，分别是指：Trivium中的文法（Grammar）、逻辑（Dialectic）、修辞（Rhetoric）；Quadrivium中的几何（Geometry）、算术（Arithmetic）、音乐（Music）、天文（Astronomy）。

西方早期的课程讲究学科间的逻辑关系，关注知识与人认知能力的相适应。Trivium中前三艺是文法、逻辑、修辞。他们认为文法是基础，因为文法是吸收知识的必要，要从儿童期开始学习，这一阶段要让学生明白：是谁？是什么？在哪里？而不去问为什么。年龄稍长一些就要学习逻辑，这时则要让学生掌握事物间的逻辑关系，理解各个事物间的联系，再通过这种练习教会学生如何用正确的途径考量事物。而在更大一些年龄才学习的修辞，要求学生学会表达，把自己的想法用更准确和生动的方式传达给别人，比如演讲和写作。在这个阶段，孩子必须吸收相当的知识，必须有逻辑观念。从这个例子我们就可以看出，西方早期的课程关注学科间的逻辑关系，关注学习的先后顺序。后来，西方的课程基本上继承了古希腊的体系，尤其是在文艺复兴之后，对古希腊教育思想的全面复兴，让这种体系化、强调学科关系的传统继续发扬光大。到了夸美纽斯时代，人们更是把教学定义为“把一切事物教给一切人的学问”，后人称之为百科全书式的教学，以及后来的赫尔巴特，他把知识的逻辑关系看成是课程的核心，这都是与古希腊的课程思想一脉相承的。

但在这个体系中，我们还是能明显看到不足，这也是东西方文化差异的一个具体反映。长久以来，东方文化重人道轻天道，重直觉感悟轻理性思维。这种认知传统，强调人与自然的融合（天人合一）而非对立，这样的思想传统虽然没有让我们发展出现代的科技体系，却也有它的长项，比如在教育上，我们就更重视人的主观需要，而非仅对客观世界的逻辑关系穷追不舍。从六艺就可以看出，这中间有很多“艺”是学习者会用到的，如射和御都顺应现实的需要，礼、乐则会提升人的修养、锻炼人的心性，而书则兼具这两种功能，这些都是一个贵族成长过程中的切实需要。当然，随着我国封建社会逐渐走向高度集权，教育也慢慢变成了维护王权的工具，这种关怀受教育者需要的传统也被削弱了，但对一个完整的人的塑造还是我们教育的主题。

从人类早期课程设置中我们看到了两种倾向，一个注重人的学习主体需要，一个更注重学习客体的规律性。其实，这也是现代课程设置的一大矛盾：既不能放弃各类学科的特点和相互间的逻辑关系，又要兼顾学生的切身需要，比如他们某项能力的形成很可能就需要跨学科的合作。

据此，我们开始了一种融合课程的探索，尽可能在保留学科特点的前提下，更照顾学生的需要。比如，在校本阅读课程中，我们把文学、历史、哲学作为一门融合课程，学生将在这门融合课程中阅读影响东西方文明的伟大著作：《论语》《大学》《中庸》《孟子》以及苏格拉底、柏拉图、亚里士多德、莎士比亚的著作。在这些阅读中，文、史、哲著作带给学生的思索是相通的，甚至很多时候是难分彼此的，如学生对《史记》的读后感就不能限制在文、史、哲其中一方面。

在数学课程中，我们引入华东师范大学的趣味数学研究课题，从小学开始分级实施“生活中的数学”。在高中段尝试分层实施“用数学解决生活问题”，还为学有余力的学生申请世界名校提供支撑的研究项目。这样的数学更会与学生自身发生联系，它不再仅是高冷的科学王冠。

在科学课程中，我们依托学校建设的综合性STEM中心，以各类传统的科学课程为基础，如化学、物理和数学，以“人工智能”“数学素养与逻辑能力”“艺术创客实验室”等校本课程为辅助开展STEM研究式教学，具体的有“现代创意木工”“智能交通”“机器人开放制造”“小小科学家”等项目。在我们这里，科学依然会有分科，但那只是为了知识学习上的便利，在STEM课题的引领下，各种知识都会聚合，并在孩子心中活起来。

在外语课程上，我们通过北京外国语大学的帮助，开设“Kid’s Box”和“English in Mind”系列语言特色课程，将外语这门传统意义上的工具课更深入地与孩子的体验、生活和感受发生关联，从而使之能进入他们的心灵。

此外，我们还开设了美术和表演艺术综合课程。每个年级都必须开设创意美术和戏剧课程，设立陶艺学院、绘画学院、雕塑学院，在高年级阶段将开设艺术史课程。我们成立学校交响乐团和合唱团，力争让每一位学生在在读期间都掌握一门乐器，参加乐团演出。为学生创设展示舞台，让舞台整合孩子的各种艺术能力，引领艺术学习。

课程是学校的灵魂，是学生发展、教师发展的基石。课程设置要符合学科要求，注重学科的完整性、系统性和学科间的逻辑关系，更要能够走进孩子的内心，符合他们的需要，满足他们的兴趣，为他们的成长服务。需要均衡地处理好这一对矛盾，是东西方人类早期课程设置带给我们的启示。

崇真尚美，德馨有源

——记苏州园林文化艺术课程基地

清代张潮在《幽梦影》中说：“文章是案头之山水，山水是地上之文章。”中国山水园林是山水诗、山水画的物化形态。园林作为“人化自然”，凡园中建筑、动植物、山石水道、廊亭轩榭，莫不经中国文人之品定。园林文化课程在校园的传承发扬也是苏州教育人淡泊宁静心态的物化表现，引导学生达到“悦态悦神”的审美层次。过去的一年中，六中人做了一些积极的探索和尝试。

一、“物含妙理，书写丹青”，园林课程与国家课程自然渗透

植物是园林中重要的构成元素，不但承担了一定的生态价值，更在景点的构成中担任着文化符号的角色，传递园林主人所寄寓的思想和愿望。植物所包含的信息，才是古典园林当中最有价值的内容，因为这反映了园林主人构建园林的真实意图。首先向大家介绍一节获得苏州大市教育系统首届微课比赛一等奖的生物微课——“植物与苏州园林文化”。

这堂课运用的是多媒体科技手段，教授的是植物科学常识；是一节艺术课，有着清雅的江南风格背景音乐、唯美的园林画面、精

美的古典诗词、老师细致的解读旁白；更是一节民族文化的传承课、美育课，借用“外相残败内孕重生，来年新枝嫩叶焕然一新”的荷藕来隐喻苏州园林主人的隐、坚、傲之品质……

李老师的“植物与苏州园林文化”获得苏州大市教育系统首届微课比赛一等奖，这样的课我们还开设了“园林楹联”（语文）、“园林材质”（化学）、“园林模型”（劳技）等，很好地体现了基地课程“传承民族文化，创新教学模式，探寻美育路径”的核心理念。基地课程给了教师很大的教学自由和创意空间。心灵的解放、学习场域的营造选择，为教师的潜能发挥提供了可能。当然，随着教学的不断深入，园林所蕴含的广博文化让老师敬畏，有很多的困惑一时无法解决，需要专家指点，需要大量的相关书籍资料提供理论支撑。也正是这份敬畏、这份未知，才使得师生的课堂充满探究、互动、实践，不断颠覆，不断论证，教师的科研探究能力和学科研发能力有了很大提升，这正体现了教师更高层次的一种成长。

经过一个学期的摸索实践，我们的教科研成果也与基地同生共长，省级课题“中学艺术教育传承苏州园林文化艺术的实践研究”于2013年10月被江苏省教科院正式批准为江苏省教育科学“十二五”规划的重点立项课题。教师园林论文6篇，其中1篇正式发表于省级刊物；教师教案70多篇从无到有，新鲜出炉。在此基础上我们还将精益求精，科学梳理并逐步形成园林课程基地的校本教材。

二、“瑶瑜媲美，共映其辉”，园林课程与艺术课程相辅相成，融会贯通

我校在坚持国家课程的基础上，挖掘园林文化艺术因子，找寻或相近或延伸或交融的、与园林文化元素相关的学科进行研讨论证。初定课程以学生问卷的形式进行调研、调整、设置，最终以菜单选修形式供学生挑选。课程设置分4大类19门学科，满足更多学生的个性需求，搭建更多的学生自主学习探究平台。

课堂从教室搬到了园林民宅典范的古建群，搬到了拙政园、狮子林，学习场域的改变使学生身临其境；艺术智慧的触类旁通，园林文化中各具神韵的、让人心醉的形式美，让学生得到了很好的滋养浸润。多元开放的评价考核制度，激发了学生的求知欲望、自主探究和合作创新的精神，提升了学生的艺术实践能力和美学综合素养。

三、“大爱尚美，传承创新”，德育、美育与智育、体育交相辉映

我校在历史积淀中、在对传统的梳理中提出了新时期“大爱尚美”的办学理念，德艺双馨，艺文并重。目前我校已积极申报了苏州市“击剑课程基地”项目，省级园林文化艺术课程基地的学科研发即将在教研组全面展开，旨在探索新的教学模式，进行有效教学，促进师生共同成长。

此外，我校外围依托拙政园和狮子林两个物化的立体教育平

台，内靠精致典雅的许乃钊故居和学校艺术教育特色，面向国内外学生，开展公益性的游学活动并吸引近千人次，充分发挥园林文化基地的辐射作用，以此培养学生的艺术审美情趣、团队合作意识，培养学生社会职能，让学生深深意识到学习的责任、价值和保护传承世界文化遗产的社会意义。同时，我们的学生通过各种途径、采取各种表现手段，致力于探索苏州园林的文化之美，实践展示苏州园林的艺术之美，这对于提升师生的美学修养以及引导学生热爱探究世遗文化、实践创新民族文化艺术、传承民族文化、弘扬民族精神具有重要意义。这一源头活水，为学生的情趣、品位和事业融为一体的未来人生奠基。

可见，我们在园林文化建设上小有成就，但园林属于综合艺术，需要了解、需要解读的内容俯拾皆是，我们仅择吉光片羽，自然挂一漏万，所幸有苏州园林文化课程基地为平台，当努力丰富，期待收获更多，为学子造福，为苏州教育润色，为江苏教育添彩。

2015年3月

六中美育

苏州的文化特质孕育了苏州六中这样的艺术学校。马克思说人按照美的规律构造，可以说美及其规律也是能引导人构造自己的。我们可以在美育领域分三个方面来理解这句话的深刻内涵。

一是美引导人的行为，因此我用美育来引导学生的行为。欣赏自然、了解科学、习得文学、热爱生活这些都是用美育的角度来引导学生形成爱美、尚美的情操，为学生搭设一个形美、纳美的育人环境。

二是形式美有净化人的心灵的功能。美与善是难舍难分的，美由形式进入心灵。至善者，至美；至美者，至善。真理和道德都通向美，美也指向真理和道德。

三是内涵美和形式美不以逻辑方式存在。朱光潜先生说："美感的世界纯粹是意象世界，超乎利害关系而独立。"

六中美育的"格言、格调、格致、格局"

一句格言

历届六中人孜孜以求，把学校的育人目标定位在"厚仁、尚美、博学、笃行"，把学校艺术办学的方针锁定在"以美立校、以美施教、以美育人”，结合立德树人的要求，我们的美育格言定格在“大爱尚美”。

我始终认为学校应该是充满爱的地方，师生之爱、同门之爱、学科之爱、艺术之爱、教育之爱汩汩流淌。

尚，尊崇之意；尚美，追求崇敬美感。尚美必知美，知美必爱美，爱美必作美，人之作美，善之广大。“大爱尚美”是六艺格言，“上善若水”是精神追求。

一种格调

法国画家德拉克罗瓦说得好：“自然只是一部字典而不是一部书。”朱光潜先生则说：“人人尽管都有一部字典在手边，可是用这部字典中的字来做出诗文，则全凭各人的情趣和才学。”也就是说美是存在风格的，这种风格的形成有赖于我们的审美情趣。在审美活动中我们形成了自己的格调。

“六艺”作为省内唯一的艺术高中，在教育教学、管理辅助等各个环节都要彰显尚美尚艺的“格调”。任何学科中均含有美学要素，区分在于美的形式不同，有的是显性的，有的是隐性的，任何学科没有理由拒绝美育。即使在校园规划、总务后勤、图书管理、班级面貌等方面也都能体现美的格调。“六艺”要在方方面面体现学校的管理格调、教学格调、教育格调。

一生格致

格致是推究事务的精神，尚美的过程就是推究追求美的过程，每门学科的教学都是推究的过程。承载着园林文化教育使命的“六艺”更要在钩沉、传承、发扬中华优秀传统美德及苏州传统文化方面且歌且行，构建多样的美育课程。

蔡元培说："人人都有感情，而并非都有伟大而高尚的行为……有待于陶养，陶养的工具，为美的对象；陶养的作用，叫作美育。"他指出："凡是学校所有的课程，都没有与美育无关的。"故而"人格教育""爱的教育""感化教育"等教育思想，都是让校园充满美的艺术熏陶的教育。

作为艺术高中，苏州六中有美术、音乐、舞蹈、表播四大专业方向。在现有师资的基础上，力邀校内外名师大家，开设"苏州园林文化艺术"课程，建设多样的美育课程。现举几例说明：美术类：园林石、园林图案、篆刻、摄影课程；表演类：评弹、昆曲、编导课程；科学类：园林建筑模型设计、园林植物、园林盆景课程。这些课程大多让学生走出校园，到苏州园林中或苏州的老城区去感受美。通过开设这样的课程，学生更好地感受了中国传统文化，为其将来的艺术道路打下良好的基础。仅以评弹课为例，学生赴实地感受苏州"光裕书会"评弹艺术，学评话，唱弹词，了解民间故事，传承吴方言。文化是艺术的归宿，尤其是中国传统文化，更是中国艺术家走向世界的底气与尊严，这对于学生是受用一生的。

目前学校开设的19门园林文化选修课程还将扩大外延，使得园林课程成为国家课程的课外有效补充、苏州园林文化的传播课堂、中华传统文明的广大教室。如"园林测绘与数学""园林植物与生物""园林气候与地理""园林花窗与设计""园林导游与英语"等，把格物致知的精神带进教室，植入心灵，让师生拥有这一求学做人的品质，一生滋养，福泽后人。最终达到立德树人、大爱尚美的教育境界。

一方格局

开放办学成就个性之美。我们不只是教学生3年，还是为他们今后30年的人生发展打下基础。一是理念开放。素质教育观下，高中教育的目的不是传授已有知识，培养“高分机器”，制造模式化的标准件，而是要唤醒学生的生命感、价值感、创造力，引导他们学会发现自我、规划自我、超越自我，从而发现、提升生命的意义和价值，一步步成长为最好的自己。学校尝试找寻不同教育阶段之间的联系，跳出教育外，找寻教育与经济、教育与社会之间的联系，找寻中国教育和世界教育的联系。学校正在积极创设多元性、选择性、针对性的课程和环境，通过多年探索推行开放教育。二是课程开放。在现有优质师资基础上，学校力邀名师大家走进校园为学生授课。美术课上，诸多艺术大师相继来校办展览、开讲座、授课；评弹课上，学生跟评弹名家盛小云学评话、唱弹词，传承吴方言；昆曲课上，两度梅花奖得主王芳院长更是亲自登台为学生现场表演，让学生近距离感受昆曲的魅力。中国传统文化在学生的心田播下美的种子。三是对外开放。学校积极加强与兄弟院校、社会各界、国际同行的沟通合作，寻找发展机遇。全球化时代，国际交流对艺术高中尤为重要。翟忻来同学的古琴表演在“华音杯”国际音乐大赛上喜获金奖，舞蹈队的《剪花女》获新加坡国际舞蹈大赛金奖，学校艺术团成员作为江苏省“文化小使者”赴俄罗斯进行艺术展演，学生与澳洲洛根市青少年交响乐团同台演出，美国、荷兰、西班牙、意大利、乌克兰等国家的教育部认证的重点大学派老师来我校设点招生。

在这里，六中的艺术教育走向了国际性的舞台，为国际知名高校所熟知，学校也相继成为新加坡、法国、美国、俄罗斯、德国、荷兰、西班牙、韩国、澳大利亚、爱尔兰等国家以及中国港、澳、台等地区著名艺术高校的教学基地和生源基地。

我们希望通过各种形式的美的探索来净化学生的心灵，开启学生艺术想象和创造的广阔空间。我们希望不同的学生在校园里能找到自己的潜能释放空间，最大限度地表现自己。我们希望让每位孩子都能竭尽全力发挥自己的聪明才智，并且能将美传递。

2015年7月1日

学情分析有感

顾月华局长在开学工作会议上提出要求，要各高中以应届高三为样本开展学情分析，大家一下紧张起来。好在我早已有心理准备，也让有关部门上学期就着手开始准备。越早部署则越能取得主动权。会议上，具体要求一出，我还是有点诧异的，为何只选高三应届而不是全校？因为分析样本的缩小，结论、表述的内容都会有很大不同。仔细一想，瞄准高三，更微观、更细致，难度也更大。

学情分析对于大多数中小学教师来讲是比较新鲜的。到底怎么做，如何做，要什么，分析什么，没有固定的答案，没有一概的模式。我也没有经历过，也不知道如何做，虽然初中放了样，有了参考，但我深深地知道我们不可能走他们的老路，更何况我们有个性、有特色，就是要与众不同。

首先，查阅资料。发现可用的资料实在太少，不论是网络上的还是纸质书籍，都只是围绕课堂教学的，范围狭窄，不是普遍意义上的学情分析。看来无太多的理论支撑和模式可循。其次，寻求学术支持。我和苏大教育学院的柴博士联系，说了我们的要求，请他和我们一起思考。只是材料的学术语言太多，例如标准方差、离散度等概念，在高中学校的交流层次应该不能作为主要语言。但这份报告仍给了我们不少启发，一部分内容也是值得使用的。

教务上累积的数据量是不少的，这是基础，是好事。但也有问题，这么多数据到底该用哪些，不用哪些，应不应该用，用在哪里，数据如何分析，数据背后说明了什么……这些都是要思考、要取舍的，这倒是颇费心思的事了。但这的确是熟悉学校教学过程、熟知学校师生状态的最佳过程。

于是乎，就有了那份学情分析的稿件。虽然从头至尾的思路都是由我一个人完成的，但其中大量的数据、分析来源于一线的老师、各部门的鼎力支持，真要感谢那些兢兢业业奋斗在教育教学一线的坚守者们。通过分析，我更认清了艺术教育近些年的发展脉络，从数据背后读到了教学的艰辛和政策调整背后的一系列课堂变革。从入学分数到每次模考，从录取分数到艺术省统考，从师资水平到思想状态，从志愿填报到院校设置，完完整整把学校、教师、学生的情况排查了一遍。最后形成了学校的学情分析报告。这份报告定位在应届高三，涉及全校80%教师，运用了问卷、访谈、自传等方法，编写两套学生问卷、五类子问卷、一套教师问卷，重点访谈了十八位学生，邀请了十六位学生撰写自传，形成各专业子报告五篇、条线报告四篇，制作了两千多张分析图表，形成了一万九千多字的分析报告。

其间真是不易，如同一场梦，现在想来这是一个有梦的时代，每个人都在创作一个圆梦的情节，编织一个解梦的故事。

年少时我有一个梦，那就是成为艺术家，真正的大艺术家，去画尽天下美景，去感受人间美文，去领悟世间哲理。我做梦都没想到会到艺术高中担任校长。现在我有一个梦，那就是帮助我的学生圆梦，去圆他们自己的艺术梦、人生梦。

记忆最深刻的是顾月华局长在我赴任时语重心长的谈话："希望你尽快了解学校，要读校史，要看数据，五年来的数据，甚至十年来的数据，你都要做到心中有数。还要重规划，希望六中在艺术教育方面真正做到领先领跑，并能起到示范辐射全市的作用……"

带着这份希望、这份信念，一年多来，我扎在校园里，天天和师生同事一道论艺考、看数据、找规律、寻方法。要感谢每一位六中同事的支持和每一位同仁的关心。今天的学情分析是一个寻找问题、探究解答的开始，希望能给师生们提交一份满意的开题报告。

2015年8月13日

宁静无价

——新常态下的教育思考

近日，偶然读到程虹教授（首都经贸大学英语教授）的著作《宁静无价》。我首先被这书名吸引，很快我被作者的自序吸引：

“最初接触到‘宁静无价’一词是在2003年5月。当时我看到美国自然文学作家奥尔森于1954年发表的一篇题为‘那些无形之物’的演讲稿。依照奥尔森的解释，‘那些无形之物’是能够激起我们情感，关切到我们的幸福与满足，吸引我们，使得我们的生活更有价值的东西。”他举例说明：位于曼哈顿中央公园的，那一小片被喧嚣熙攘的大都市包围的自然绿洲，其无形的价值对于都市居民而言是无与伦比的，因为它可谓世界上最大的一个工业化城市之中的心灵的避难所。奥尔森继而陈述道，飞过天空的野鸭群具有无形的价值；出没山间的灰熊具有无形的价值；野外的声音、气味和记忆，以及我们在野外所看到的、所喜爱的一切都有无形的价值。奥尔森最后总结说宁静也具有无形的价值。因此，保护森林、土地、河流、野生动物是与保护人的心灵息息相关的事业。我由此感悟，人类心灵的风景是由自然的风景养育滋润的。

根据美国韦氏英文辞典对“宁静”的解释——从烦躁不安中解脱的状态：宁静、安详、沉着。在现代社会中，唯一能够和灯红酒绿、人心浮躁的现代都市相抗衡的就是蕴意深长的自然界。而在现代文明中，人们渴望的也是在匆忙中保持心中的那份宁静。

我想：宁静不仅仅存在于自然主义文学中，宁静尤其对于教育工作者而言更有启发意义。且略说一二，供诸君讨论。

一、时代需不需要宁静，需不需要理性思考

由于经济的快速发展，平时我们生活节奏非常快。唯独新春佳节将至，姑苏古城变得格外宁静。我于大年夜独自来到学校，今天这里没有老师、没有学生，只有古朴的许乃钊故居在静静地诉说着过去与未来。行走在校园，回想起当年清华校长梅贻琦所言："所谓大学者，非谓有大楼之谓也，有大师之谓也。"其实中学也是如此。教师确实是一所学校成功的关键因素。眼下我校老师普遍年轻，35岁以下63人，占比53%，女教师89人，占比76.07%，教师家庭负担较重。我思考：如何提供平台让老师们提升自我，老师们又如何在这个年代保持住那份宁静与理性？如果我们的老师不能守住这份宁静、享受这份宁静，我们的校园、课堂、学生何谈宁静？

校园正如一个家庭给予孩子的学习环境，教师正如这个家里的长辈，都是学生的榜样。教师们更应该守住心灵的宁静、享受教育的宁静，为学生创造属于他们的宁静。

二、教育需要宁静吗？我们在宁静中寻找什么

全球化的背景下，教育不可能独善其身。关注海外留学的中国

家长留心着各类大学排行榜，国外的大学同样关注着我们的高中生，例如美国马里兰大学曾就中国内地高中制作Top50的排行榜。近年来，中外合作办学蓬勃发展，苏州有西交利物浦大学、昆山的杜克大学分校，上海有纽约大学分校等，还有好几十个中外合作的项目。苏州的外籍人员子女学校数量占全省的70%，新加坡国际学校、伊顿国际学校、德威国际学校、日本人学校、韩国人学校相继成立，很多孩子在苏州本地就能学习国外的课程；各所大学的网络公开课相继推出，大学的慕课方兴未艾。就艺术院校而言，如中央美院、中国美院、中央戏剧学院等今年初开始的轰轰烈烈的招生考试，都让人深思——现在的教育宁静得了吗？

我们该如何看待教育的宁静？历史上，在宁静中诞生了诸多的教育家——夸美纽斯、杜威、卢梭、陶行知、叶圣陶等。宁静生智慧，智慧生思想，思想生万物。我们的教育，要在宁静中寻找自信和尊严。能做到这两点就很让人欣慰了。

我很相信六中能把苏州最好的中学生交响乐团办起来。在寒假中，我们的有原交响乐团在6天中创造了奇迹。结束的那天，市一中的学生问我，交响乐团还办吗，这次她能拿证书吗。她觉得成为六中交响乐团的首批成员很自豪，她想要我们六中颁发的证书。我想，我们六中人是有自信与尊严的。

三、教师喜欢宁静吗？教师可以在宁静中做些什么

古人说，淡泊明志，宁静致远。看来古今相同，中外一致。有了宁静的内心，终于可以思考一些问题，思考一下教师在教育的宁静

中做些什么。

作为教师，我们要让自己的内心更加宁静和深刻，因为只有一颗宁静深刻的心灵才能去影响人。我们还要学会捕捉每个教育瞬间的些许感动。

作为教师，我们要给自己积极的心理暗示，要静静地对自己说：我是向上的，因为生命的本质就是一种向上的力量。

作为教师，我们要给予学生更多真诚的鼓励。如今我们评价学生，不能再仅仅关注考试成绩了，其实这对老师的要求更高了。老师要给学生更多的鼓励——鼓励创造、鼓励改变。有一次，我和校学生会主席交流如何做好学生工作，学生会主席答道：有民主型的领导，也有专制型的领导。这谈的是领导的风格。其实我认为无论是做领导还是做教师，最关键的是改变。如果不改变，只是在原地踏步，那都不可能做好。因为世界每天都在抬高，世界是有坡度的，原地踏步只会往下走。

老师们要会用说服性的语言。说服性的语言有三个关键点：完整、移情、精当。每个老师都要把握这三点，能让学生听进去，哪怕是一句、两句也是有收获的。

十年树木，百年树人。而发现真正的“人”、培养真正的“人”，正是教育永恒的母题。

归根结底，这也许就是宁静所给予教育的最大价值。

2015年9月8日

教师的尊严

节日恰如一面镜子，不同的节日照见的镜像自是不同的，我们又从镜中窥得平时常常忽略的。中秋节映照着的是我们渴望团聚的心，春节照见的是我们对明媚春光的渴望，而教师节反映的是教师这份职业光辉的灵魂。

今天是教师节，每年都要过教师节。每逢此节，必要提醒大家作一番思考。今年想谈一谈教师的尊严。

古人讲“天地君亲师”。除去天地，老师排行“老三”，仅仅次于君主和父母，怎么说也是“季军”。民国时期，老师敢于和总统对骂。不过，纵观世界，尊师楷模当属犹太人，他们的教师地位排名仅在上帝之下，可谓一人之下，万人之上。《塔木德》是犹太人一生必须研读的仅次于《圣经》的典籍。这部书里讲，教师的地位高于父亲，也高于国王。一个教师学者死了，我们无法取代他，但一个国王死了，我们所有人都可以取代他。这就是犹太人的见识！

我国的尊师道途经历坎坷。在漫长的封建社会里，教师是备受尊敬的，学生敬师畏师，视其若己父。后来受新文明的冲击，教师逐渐地摘去了神圣光环，却渐而低微。改革开放以来，教师的地位尊严有所提升。不过，很多家长、学生感激老师，主要出于教师帮助孩子考上大学。对于教师的价值，尚未真正了解。一些不尊重教师的现象，让我们教育人再次审视教师的尊严在何处，教师的尊严来自哪里。名师、专家型教师、学者型教师、智慧型教师、“知识分子教师”林林总总，他们的尊严在哪里？

我想这份尊严来源颇丰。它来自传统。古之学者必有师，孔子自称：“默而识之，学而不厌，诲人不倦，何有于我哉？”荀子也说：“故非我而者，吾师也。”“以善先人者谓之教。”

这份尊严来自“师道”。这就是每位教师的良知道德。人之范，行之则，乃为师；为有志于为人之道者，乃为师；众望所归，而不得不为人师者，可谓真正之师；教育终以道德教育为中心，故而恪守师道。

这份尊严来自学生。教育本质是经验，教育的过程中，其基本要素就是成人的成熟经验作用于未成熟、未发展的学生，从而产生现在的师生关系。这份尊严就来自教师平时点点滴滴的奉献、默默无闻的付出，换来的是学生一辈子的难忘，换来的是学生口中喊出的那一声“老师妈妈”“老师姐姐”“勇哥保重”。

这份尊严更来自课堂的点滴——教学行为。备课——授课——测试——反思，起承转合，听课评课，每一个环节的重复都是成长，每一次的重复都蕴含着新的收获和变化。同行尊重，自尊自重，学生爱戴，尊严油然而生。

To see a world in a grain of sand.

And a heaven in a wild flower.

Hold infinity in the palm of your hand.

And eternity in an hour.

这是英国诗人威廉·布莱克的《从一颗沙子看世界》，我最欣赏的中译版本是：

一沙见世界，

一花窥天堂。

手心握无限，

须臾纳永恒。

把这首诗献给我们的教师，愿天下所有的老师手握尊严，愿教育永恒，天地共存！

2015年9月11日

有感觉的课堂

开学这一周里，我听了好几堂课，几乎是每门学科一堂课，这些课都是随堂课。当然，教师是不知道校长要来听课的。他们有的上复习课，有的上练习课，有的上新内容，还有的是上公开课。

总体而言，老师们在新学期中精神是振奋的。他们对学生的反应尤为关注，对自己的方法格外注重，这是非常可喜的，愿我校的所有老师都能继续保持这种状态。在反思的过程中，我想到了“教学法”。首先让我们再次回归经典，看看经典的教育理论是怎样论述教学法则的。夸美纽斯的《大教学论》中论述了“各种科学的教法”。其中第一条，知识的开端必定来自感觉。他强调一切可见的事物都必须在视觉器官面前，一切能听见的事物必须放在听觉器官面前，以此类推，这个规律是比较有效而有说服力的。绘画课上，郭老师作示范画，画给学生看，用不同的作品来做比较，来说明正确的方法和如何运用有效的方法。乐理课上，祝老师用形象的比喻来说明学乐理的方法，同时唱给学生听。我想这些都是基于第一条：让学生有感觉。

夸美纽斯还说过，感觉是记忆力最可靠的仆人，如果感性知觉的方法能得到普遍应用，将能使获得的知识永远保留在记忆中。

所以，我也在想我们其他学科的课堂如何让学生有感觉，让学生尝到这门学科的味道。数形结合的味道是什么？是不是很抽象？学生如何能尝到这味道？生活中能感受到棱台吗？春联、婚联、寿联、挽联又是什么味道？“画出质感”是什么？荀子写《劝学》时是什么感觉？学生们说话时会用定语从句吗？会用定语吗？用和不用是什么感觉？

让学生有感觉！说出来是很简单朴实的话，做起来却需要老师具备极大的智慧。教师们如果每堂课都能让学生有感觉，那一定是很美妙的事。学生一定会学得来劲，老师一定会教得得劲。至于如何做到，我们还是要回顾经典。正如夸美纽斯所说：“凡所教的东西，应当教以它在日常生活中的实际应用和某种确定的用途。凡所教的东西应当教得简单易懂，不要用复杂的方法教。凡所教的东西必须联系到它的真正本性和它的根源，即是说，通过它的原因来教。”

2015年10月8日

凭什么？

公交车上、课堂里面、家庭内部，经常会听到一句平常的话——“凭什么”。凭什么是我让座？凭什么要我回答？凭什么你能看电视而我要洗碗？

凭什么？折射出的是心理问题，心不甘情不愿，这样情绪就不平稳，就会进入一种感情死循环。

凭什么？作为主体的人往往是带着委屈的，在生活中，有这样的心态肯定是因为觉得自己受了委屈。为什么会觉得委屈，是因为有比较，有比较就会发现差异，有差异就有不平衡，马上就分析自己为什么不能和被比较对象一样，于是就愈想不通，愈加气愤，于是表达出一句“凭什么”。

在学校里，也经常会遇到这样的心理失常。教学任务重、工作压力大、教学效果不佳，都会让人觉得不甘、不平：凭什么又是我？凭什么要我开课？

分析和判断人或事，我希望能从不同角度去看，如果“凭什么”一冒出来，则负能量来之，那么也有点武断，还是把话听完，倾听是最好的沟通方式嘛！“凭什么不能是我上！”“凭什么又要我上！”这是两种完全不同的思维和语气。前一种更多的是励志向上的，希望争取机会，是有点精神的；后一种则是怨气十足，满腹牢骚，是有点颓废的。试想一下，两种人在不同的教研组，会怎样？一个教研组会积极向上，努力发展自身，争取更多机会；另一个则是能不相干就不相干，能逃一天是一天。假以时日，两者差异巨大，这时候再问一句“凭什么这么大差异”，我想说，就凭这句话最后的符号。“凭什么不是我！”可以是感叹号，是询问自己，寻求方法，探讨过程；“凭什么不是我？”一定是问号，是质问他人，怪罪制度，埋怨人生。

这背后反映出的两种人生，我想大家一定十分明了。做教育的注重精神大于物质，因为教育生活的每一天都在于精神生活的丰盈。一个个感叹号，让你结束一天的工作辛劳后能够体验这些感叹号给予你的精神支撑与满足，也会收获同事的尊重、学生的爱戴、社会的认可。这样的教育人生也会是平实而美丽的。

同仁们，“凭什么们”，在我们前行的路上一定有这样或那样的问题，在我们想问“凭什么”的时候，请先思考一下，我“凭什么这样问”。先想一想，能否先做强自己，让“凭什么”成为凭实力；先问一问，还有其他办法吗，让“凭什么”成为讲道理；先听一听，这样做的理由是什么，让“凭什么”成为说事实。我们生存在社会中，社会有基本规范、有法律制度、有道德约束，要依据的基本要素无非就是人类共同的价值追求，我认为最根本的就是正义，当我们充满正义感时，“凭什么”也就不会是什么了！

2016年5月10日

讲故事与教育

讲故事是最好的教育途径。我们说广义的教育就是说个道理，可光说道理学生是听不进去的，必须有个途径才能把这个道理讲清楚。

这条途径就像是一条引导人通往目的地的大路。那么路是可以有各种材质的，可以是柏油的、塑胶的、沙子的等等。绘画、书籍等各种形式都可以讲故事，故事里有人物，有情节，有起伏，也有要说的道理，慢慢地学生记住故事，就如同记住了大路，自然不会迷失方向。这样的故事自然是越多越好，因为这些故事就像是学生心里掌握的路线，自然是越多越丰富，久而久之，他们的心里就会有一幅人生的导航图，帮助他们走出自己的人生。可想而知，讲故事是最好的德育途径。

教育是在故事中发生的。不论是在学校里还是在家庭中，每天都在发生着不同的教育故事，师生和家长们就是这些故事的主人公，他们的精彩演绎才能让这些故事美丽动人。如果说师生的故事是一时的，那么家庭的故事就是一生的；无论是一时还是一生，这样的教育故事时时在塑造着主人公。一时会影响一生，一生由一时组成。教师可能是影响人一辈子的职业。因为在教师的职业生涯中，我们会遇到无数学生，而学生在求学的过程中，可能会在某个阶段久久地只有一个老师，所以，我请老师们记得：如果爱这份事业，请深爱你的学生。

先锋往往注重下一步的迈进。我们的人生都是由无数个下一步组成的。这是一个VUCA时代（变幻莫测的时代），不确定性是这个世界的主题，在这个主题下我们更需要先锋。因为有先锋就能开垦，有先锋就会有冒险，有先锋就有担当。在学生选择下一步的时候，他们就会想到先锋是如何开垦的，比如我们的袁隆平院士；就会想到先锋是如何冒险的，比如我们的钟南山院士；就会想到先锋是如何担当历史使命的，比如我们的开国共产党人。这些先锋的形象指导年轻一代如何迈出下一步，如何走出先锋般的步伐，这份笃定和自信使人生底色更加鲜明。

先锋人物故事启发学生，也启发了教育者。先锋的意义我们明确了，故事的途径我们知道了，那么先锋故事的意义就非常明显了。它就是要启发人们讲明白一些道理，同时也给教育者一些启发，让教育者有更多的素材、更多的生动的版本。教育者读先锋人物故事，在自己受到教育的同时，也为被教育者积累素材，使得我们的教育过程更加具有说服力和现实性。

讲好教育故事，让阅读成为教师生活的一部分，让先锋意识成为教师教育的第一意识，让先锋人物故事印入教师教学的过程，这一定能让我们的五育并举得到真正落实，并真正看到一个个教育故事的精彩演绎。

教育者的接地气

以前住的是小高层，11楼。朝南的房间阳光当然是很好的，我也一直喜欢养些可爱的花草，像文竹、马蹄莲、绣球花，还有君子兰、吊兰之类的，也常常期待这些小花草能默默地吐出绿意，张开蓬蓬的花骨朵。

可多年来，这些小家伙赌气似的，总也不开花，要么便是一天天地憔悴下去了。故而我心里是不痛快的，感叹自己不会打理，也未能留出一些时间专门照料它们。近年搬到新居，换了一层的房子，有了小院子，自然把它们搬到了院子里。我总是时不时地去看看它们在新环境里的样子，可仍是不如人意，于是有一日，我把绣球花从盆中移出，直接栽入土中。

几日过去，这个小家伙筋骨强劲多了，那奋力生长的样子，颇使我放心。于是，我许久没去看它。

后来冬已去了，只是严寒未褪，还有些岑寂，开春后的院子里添了诸多生气，竹子又密又高，池子里的睡莲、荷花吐出新叶，金钱草郁郁葱葱，养了多年的马蹄莲和绣球花都开花了，黄色的马蹄莲，红色的绣球花，颜色纯得让人喜不胜收，也着实让我感叹。它们这么多年都没有什么变化，栽入土中一载之后，便吐蕊显芳。如究其原因，简言之：接地气！

植物如此，教育也要接地气啊！

近些年各种国际化学校像新生的野草弥山遍野，多样的新名词钻入我们的耳朵，映进我们的眼帘。似乎没有一些让人费解的术语就不够高大上，就不能吸引更多的学生，不能在社会上占有一席之地。那些新名词的代言人，一会儿用高深的古文，一会儿用华丽的英文，一会儿用大段文字诠释愿景，一会儿用新概念吸引家长，颇有点菜市场的味道，他们吆喝贩卖，也略有些品牌战略的意思，但总感觉离教育是越来越远了。幼儿园的游戏化课程，小学的基本书写规范、各项礼仪、美育体育、班主任规范，这些明明很接地气的教育行为却很少再被提及。故而我们必须警惕，我们不能在回归教育原点的路上越走越偏。

说教育很简单，因为教育是生长，有其自然规律；说教育很复杂，因为教育是艺术，有可意会不可言传之妙。不论简单还是精妙，作为一个面向未来的行业，接地气是当下的首要任务。

教育的接地气不是趋同，不是为了符合某些群体的要求，而是要把教育最根本的东西做扎实。每天的班级事务要处理妥当，要了解学生的差异化需求，一、二年级与四、五年级的需求一定是不同的，科学类学科和艺术类学科的需求一定是不同的，这些需求需要我们通过不同的意识和视角获得。我称其为教育意识，这是接地气的第一要素。

教育的接地气不是要立竿见影，不是要满足眼前的需要，而是要用时间去建立一个适切的文化环境。如同什么样的土壤培育什么样的果实一样，不同的文化环境培育不同的人文气质。虽然这需要一定的时间，但显然也是和组织的领导者有关，校领导倡导的组织文化和校领导本身的文化特质就有关联，所以教育界会经常说：一个好校长就是一所好学校。

更重要的是，教育的接地气不能人云亦云，不能简单模仿，而是要在气质上升华。一所学校的接地气不应该是贬义的，气质是由内而外的，同时又是因外而生的，存在于天地之间，是有灵性的。到了一定时候，到了孕育成熟以后，便是一种无法复制、无法比拟的强大力量。虽说腹有诗书气自华，但如今仅有诗书已显然不够，具备把诗书转化为气质的能力才是关键。

一所学校、一个个体都需要有接地气的本事，融合地区特质，创新本土气场，这是一个内外兼修的修行。

心灵苗圃

艺术为人生

湖南师范大学原校长张楚廷在他的著作《教育哲学》中有段关于美育的论述，我至今记忆深刻：“审美活动的主体是人，美与善就因此而变得难舍难分，美由形式进入心灵。真理与伦理都通向美，而且，美也通向真理和伦理。当伦理与美在一起的时候，道德将变得更令人亲近和有力。美育让人进入超我，让人真正成为道德化的人。”他又写道：“智育使人智慧，智育与美育在一起，使人大智大慧。德育使人醒悟，德育与美育在一起，使人大彻大悟。”张教授的分析深刻透彻，我是非常赞同的。

人不一定会成为专业的艺术家，但人人都可以成为自己生活的艺术家，这也是马克思所说的“人人都是艺术家”的内涵。

康德认为，“美的艺术需要想象力、悟性、精神和鉴赏力”。这四种心理机能都是我们日常生活中的基本元素，人生的色彩也源自这四种心理要素。而艺术的存在正好为这四种要素注入了活力，为人生添加更多美的元素。所以我们可以说“艺术为人生”。

从诸子百家到蔡元培、朱光潜、李泽厚等美学大家，他们在某种意义上都讲到，道德修养和艺术修养是个人修养的两个不可或缺的方面，这也是中国传统文化用来衡量一个人文化素质高下的两大标准。

纵观东西，艺术的相通性在于其形象性与情感性高度统一，这决定了艺术在生活中所产生的情感要素必然是极其强烈的，具有一种摄人心魄的神奇魔力和巨大的感染力量。它可以使人“神摇意夺，恍然凝想”，以至于“快者掀髯，愤者扼腕，悲者掩泣，羡者色飞”。古希腊哲人柏拉图将这种情形称作一种“浸润心灵”的“诗的魔力”。高尔基也把这种现象称作一种令人感到不可思议的“魔术”。

艺术为人生是因为艺术品都不同程度地给人以某种教育，它们都不是无目的、为艺术而艺术的。艺术为人生是因为艺术的教育都是以“寓教于乐”为其特点的，赏析艺术是一种理性评价与感性体验的统一，是动之以情的。艺术为人生是因为艺术教育的娱乐性中渗透着理性的因素，它在诉诸人们“内在的感官”，是一种打动心灵的教育，茅盾先生把这叫作“灵魂洗澡”。

坚信艺术为人生的信念，我们学习艺术就是为了人生的完满，不是为一纸证书；欣赏艺术就是为洗涤灵魂，不是为哗众取宠；创作艺术就是为记录心路历程，不是为获取名利。所以，我们的教育初心就是要把这一观念贯彻始终，只有艺术为人生，人生才有艺术味，才有美感，才有生命的声音。因此我们举办的各种大赛，是要为孩子搭设舞台，让他们享受那一刻属于他们的精彩，让他们有信心走上艺术人生，成为生活的艺术家；我们举行的各种艺术公益活动，是要让艺术的种子在社区萌发，让民众感受艺术的美不胜收，让家庭感怀艺术的凝聚力，用活动传递教育的信念；我们积极创设的各类艺术国际交流，是要把中西融通，让世界流动，给艺术生命。

艺术为人生，我们认真、执着；艺术为人生，我们无惧、无忧；艺术为人生，我们笃行、未了！

2018年10月11日

吴门精神

——在张继馨、廖军书画作品展开幕仪式上的讲话

吴门，这是一个让全中国人钦佩的名字。人杰地灵是你的代名词，这是史上出状元最多的地方，这是伍子胥造城之地、范仲淹办学之所、明四家雅集之府。

吴门，这是一个让吴地子孙魂牵梦绕的名字。人家尽枕河是你特制的衣裳，双面刺绣是你的绝活，姑苏水养育出代代文人雅士、贤达鸿儒，也浸润着崇文尚教的家训。

娄门之内，六中正以六艺之精神传道授业，莘莘学子，桃李芬芳。二十余载艺术路，众志成城洒心血。今日，师生时刻准备；他朝，为吴门荣光尽绵薄之力，为苏州教育献策；达成，实乃我辈之幸。今故请贤达师辈莅临玉兰之堂，享其芳香，观其大雅，以文化人，不亦乐乎！

甲午春日，于许乃钊故居迎张继馨、廖军先生书画作品展，实乃妙事也！许乃钊为清道光时江苏巡抚，其家是书香诗礼之家，其书法秀逸生动，和谐自然。如今故居修复，请艺界名流展风采，一来和故居主人之雅趣，二来承教化后辈之使命。

张老被谓之“继陈大羽之后江苏写意花鸟画坛的扛旗人”，亦是新吴门画派之杰出代表。艺术上，其作品以书入画，灵气相生，和谐

生动；教育上，更是循循善诱，书画课堂，座无虚席。廖院长系苏大博导，艺坛教坛孺子牛，耕耘创作总不休。其书画蕴圆浑大气，空灵秀逸，其学术含文史哲艺，造法精湛。“梅花香自苦寒来”，两位先生用书画作品展现这一主题，意义深远，对六中师生教育如润物细语，智慧与心灵齐飞，艺术共教育一色。正可谓：智育使人智慧，智育与美育在一起，使人大智大慧；德育使人醒悟，德育与美育在一起，使人大彻大悟。

为六中、为吴门、为吴门学子，感恩张老、廖师。

2014年4月10日

2014考博

2014年4月，北京大学博士研究生初试成绩公布，随后复试名单也进行了公示。

那日，看到初试成绩，我还暗自窃喜，认为成绩够真实。

原本该如高考那样拼命复习，然因换岗到六中，行政事务缠身，加之遇不顺眼的陋习必纠之的脾气，每天要在学校花去十二个小时。故基本无暇再拿起博士应试参考书安心阅读，有时间最多看看目录了解大概，却也不进脑、不入心。

英语指导老师多次告诫我考前务必准备一二，然3月中旬系开学不久，事务繁多，加之江苏学业水平测试的日子就在考博那天，只能顾学校舍小我。心想，罢罢罢，权当一次真正的裸考吧！

教育学综合以及教育管理两门课程，我只拣了自己感兴趣的教育哲学，花一个晚上读了大概的论点，就这样走进未名湖畔的考场，答起了北大的博士生考卷。

选择考博，有两层意义。一是转到学校，总觉得要对得起学校这个名字和校长这个称呼。学高为师，身正为范，一定要多才多学，才配得上当校长，所以我还要学点东西。于是问自己：学什么？既然在艺术高中，要么学艺术学，搞评论，要么学教育学，做教育。怎样学？要么碎片化地自学，要么系统地学。系统地学可以让自己有规律、有节奏地学，辅以自学补充定有收获，于是决定系统学习，这样考博就是首选方案了。查了一些艺术学的博士点，想学的如考古类，因自身基础不行，艺术学对我来说有些不知所云，权衡再三，我决定回归教育。下一步就是选学校了，全国招收教育博士的高校可不少，招收的量却总是不多的，竞争自然激烈。所见的每每绞尽脑汁，或是千方百计要讨得导师的欢心。我想，既然要考，就选一个中国最好的大学吧！

锁定北大。一来因为我最崇敬蔡师所倡导的自由教育和学术自由的精神，二来北大的确是中国最强的大学，世界前五十的名校。进北大成了我的梦想。和王腊宝院长的一席交流更让我坚定了完成此心愿的决心，我追求自由教育和学术自由，我要追随蔡师之精神投身北大学苑。

于是乎，3月15日北上进京赶考。这一次心理、头脑毫无准备，因为我把时间给了六中。

还记得考了康德的一句话："人只有通过人，通过同样受过教育的人，才能被教育。"题目要求谈谈自己的认识。还考了MOOC'S相关题。其他的不提也罢。因为不熟悉考卷把顺序颠倒，所以最后一点时间还在誊写答过的题，本来整洁漂亮的卷面就此作废！

考教育管理也是感觉一般，把自己的思想经验用知识链串起来能答得差不离来。英语比想象的难太多。名词解释、汉译英、四篇英译汉、一篇英文阅读（用中文写中心思想），再加上作文。所选篇章绝对是专业领域的原版材料，好在在马里兰的历练成就了我强大的阅读能力，这些文章能懂能译。我一丝不苟、绝不含糊地译完。可由于久未练笔，作文不够满意，题目虽是我熟悉的教育国际化，可许多可用的词汇已变成阅读词汇，保险起见，用最安全的作文词汇完成了。

成绩公布了，英语76、教育学综合56、教育管理62，这个成绩很真实，我的英语得分在160多名考生中列前十名，总分已过190。我想我可以进入复试环节了。急着查看相关信息，发现分数线要求是英语50，专业课60，总分190。我有一门专业课未过，也就没资格进复试了。沮丧之余也认账，谁让我如此藐视考博。懊恼之余也欣慰，学英语的热情尚未减退，积累的知识总有可用之时。

北大，等我，明年我再来。

2014年5月12日

书法之美

——六中举办华人德书法作品展致辞

“美，甘也。从羊从大。”（《说文》）

六中作为艺术高中，尚美、爱美，在多种艺术形式中寻求美。

中华书法是中国汉字特有的一种传统艺术。它把语言符号用艺术的形式展示出来，成为汉字所独有的表现形式。它是无言的诗、无行的舞、无图的画、无声的乐。蔡元培先生说：“中国之画，与书法为缘，而多含文学之趣味。”的确，我身旁的这位学者、书法家，就如蔡师所言，不仅是书法精家，而且是学术大家。他就是苏州大学设计学博导、苏州市书协主席华人德教授。华人德教授毕业于北京大学图书馆系，曾创办北京大学书法社。少时便临池耕读，加之京师求学时，遍睹北大图书馆所藏金石拓片、真草隶篆，多得其妙。年少机遇促使，而华教授自身在书法上也有颇多造诣。曾在中国书法界连续四次获最高奖“兰亭奖”，在苏州大学从事书法艺术、中国碑刻艺术的研究，对书法艺术、书法教育情深意笃。华教授作品、著作丰厚，但从不愿开办个人展览，意在潜心研究、专注创作。此时应我六中之邀，在我玉兰堂举办书法讲座，在许乃钊故居展其书法巨作，使我师生得以聆听大师教导、欣赏大师作品，实乃六中之幸，感恩之意难以言表。

创作是华教授的生命，研究是他的使命。他用心灵去创作，用生命在研究，用智慧在教育。不只是华教授，我希望每一个跃动的生命都能有其坚定的使命，不误余生，不悔韶华。似起笔落笔间，能运腕自如，藏露有度。

2014年5月15日

芳草碧连天

——苏州市第六中学师生『芳草碧连天』风景写生习作开幕式致辞

欢迎来到苏州市美术馆。苏州市第六中学师生“芳草碧连天”风景写生习作即将开幕。

艺术，教育，有缘，有情；蓝天，白云，相伴，相随；芳草，碧空，灵气，灵动；天空，梦想，学宏，崇远；教师，学生，用心，用意；语言，表达，真诚，真挚。

长亭外，古道边，芳草碧连天；溪池旁，轩辕中，人家尽枕河；六艺名，铭刻间，润物细无声；抬眼望，扪心问，无私天地宽；甲午初夏，美术馆内，情意浓浓，艺术与教育相印共舞，六艺师生假贵地展风采，旨在弘我吴门崇文重教之传统，达我六艺德艺双馨之宗旨。今日蒙贤达诸君厚爱莅临小展，以六艺师生之名一一感激。国美、南师、复旦、江南、苏大、苏科、工美，群贤毕至，为研讨教育更添光彩。

承蒙美术馆鼎力相助，开市民展厅，引各界春色，六艺得此先机，愿开风气之先。秉教育之宗旨，为文化昌达尽绵薄之力。

饮水思源，感激美术馆的无比信任。“云中所牧竟何物，以云为牧何所凭。”以牧云之心，观艺术沧海，以留白之意，叙教育情怀；一本气概，应物象形，一卷隽永，美不胜收。他就是牧云堂主人、著名画家陈如冬先生，也是我校特聘校外专家。

“清风明月本无价，近水远山皆有情。”以美立校，以美施教，以美育人，我校之宗旨也；尚美，寻美，造美，留美在人间，美术家之理想也；教育与文化艺术相合的盛宴，必定是各美其美，美人之美，美美与共，天下大同。

苏州教育，学有优教，善教乐学，崇教好学，普教惠学勾勒了美妙蓝图。立德树人，大爱尚美，描绘了苏州艺术教育的场景。苏州教育的声音在中华大地唱响，各校定将不遗余力。此大潮之中，我六中不甘示弱，愿有所为。

群籁虽参差，适我无非新。愿六中在“群籁”皆出众的教育大家庭中，坚守自我特色，走出一条创新美丽的艺术之路。

2014年6月5日

那边走边画的日子

——沈南强速写画展致辞

那一刻，我提起画笔，不为风情，只为抒发心中的快乐。

那一天，闭目在影线轻描中，静静相拥，有无穷无尽的妙趣。

那一日，走进大宅庭园，不为赏玩，只为投下边走边画的影子。

那一夜，我看了一宿的行走，不为醒悟，只为寻找那一份风骨。

那一月，我调出斑斓的颜色，不为绚丽，只为触动你的心灵。

那一年，笔耕墨耘，桃李芬芳，不为传世，只为那一刻的温暖。

你见，或者不见，美就在那里，不偏不倚。

你念，或者不念，爱就在那里，不离不弃。

你画，或者不画，笔就在那里，不增不减。

让美住进你的心里，默然相爱，静寂欢喜。

2014年年8月24日

筑圃见文心

——黄翔书法展开幕式致辞

凡诗文书画，以精神为主。精神者，气之华也；精神者，诗文书画之灵魂也。康德说："所谓灵魂是指心灵中起灌注生气作用的那种原则。"我想书法亦是如此。如果书法作品只有书而无意无法，那只能是笔墨的堆砌，充其量不过是无生命的形式美的构图，不能算是真正的艺术。又如黑格尔在《美学》第一卷中所说："艺术作品所以真正优于自然界实在的事物并不是单靠它的永久性，而且还要靠心灵所灌注给它的生气。"所以说丹青难写是精神。

今日六中，巡抚故居；星分文艺，地接拙政。开艺术教育之风气，引艺术泰斗群相聚。物华天宝，传统与现代共适之；人杰地灵，精英鸿儒齐助之。今日六中，玉兰堂内，高朋满座，赏黄翔先生之墨宝，先生身在公安，心系教育，以己之创作心路育我学子之德，以己艺术道路之坚守明明德。其作品生气跃然纸上，精神俱备，灵动欲翔。道出之道，且乐且行；教之道，且行且乐。

谨以师生之名，感谢黄翔先生的大爱情怀、尚美追求，感谢诸君莅临。

2014年12月22日

甲午岁末

甲午岁末，年度回首，欣慰之余，惭愧惭愧。

接任校长，一载有余，满腔热忱，心怀理想，承上启下，需铸校魂，梳理再三，大爱尚美。秉艺术之宗，承教育风尚，恐不能达，丝丝入扣。渐得吾校师生之认可，此乃大幸也。

感同仁鼎力相助，念亲人默默奉献，怀振兴大任，恨岁月渐老。开放办学，美育特色，各科相竞，大师相助。师者授业，传道为首，学子习得，一生铭记。故设园林文化课程，系为学生拓展，为教师搭台。德智体美，追求唯一，不求第一；体育特色，击剑课程，旨在塑性，意在果敢。教师发展，走在路上，亦苦亦乐。我劝诸君重抖擞，不遗余力谋发展。

督导评估，自我认知，专家把脉，虽有偏颇，击中要害。教研科研，课堂呈现，赛课评课，立新常态。研教研学，同步发展，分层教学，势在必行。课堂优化，生源重组，方有希望。诸君当面朝难阻，克难而上，必有成就。吾辈为师，当存敬畏之心，不求功成名就，但求人生完满。

2015年1月13日

寄语乙未

乙未即至，期盼几许，憧憬十分。首盼华夏锦绣，社稷宏达政通，公民乐群敬业，法治深入人心。社会事业民生尤系，教育医疗切为关注，文化苏州靓中更亮。身在教育，心系家乡，故再盼家乡教育再上台阶。祝苏城学子学有优教，习有所获；愿辛勤园丁教有乐土，研有所得，育有达成。

六中新年新改革，艺文并重展新颜。教学改革试分层，综合评价上轨道。大爱育人在细节，音表舞美求精进。科研导向成习惯，校本课题树目标。园林课程重建构，教学反思讲实效。美术联盟初长成，交响乐团始出演。专业院校来指导，学者名师常把脉。全校师者志成城，贡献智慧长才干。六艺品牌更凸显，四星高中显特色。

定于斯，静于斯，安于斯，虑于斯。愿六中为苏州教育尽力，坚守美育方向，大胆探索，精心分析，以作为赢地位，以责任赢信任。

愿教育更好，生活更美，国家更盛，天地更泰。

2015年1月29日

共度年华（一）

共度：共同度过。“垂下眼睛熄了灯，回望这一段人生。望见当天今天，即使多转变，你都也一意跟我共行。”——这是张国荣在一首歌中的唱词。每当夜深人静的时刻，我总是会不经意地想起教育中的那些点点滴滴，一幅幅画面的掠过，如春风拂面，清新可人。

年华：“渴望一个笑容，期待一阵春风，你就刚刚好经过，突然眼神交错……这花样年华太美丽。”这是一段在高中的日子。

六中的今天正如今天的画展，有传统，有创新，有传承，有立意，其中凝聚了多少人的心血，回应了多少人的期盼，即使有许多转变，你们都一意与我同行。谢谢众多在风雨里都愿陪着我的同仁、伙伴。有你们驱使我，我们一起勇敢直面人生，共去写一生的句子，我愿将今生的暖意传递下去，愿美活在你心中，愿我们共同度过。

这不仅仅是一所老的学校，这是我们的家园。

你知道是什么使我们的学校伟大？不是我们的高考升学率，而是我们的价值观。六中的价值观是大爱和大美。拥有这个价值观，不管你在哪里，你是何人，你的生命将具有尊严和价值。拥有这样的价值观，在别人遇到麻烦和失败时，我们不会弃而不顾，我们对世界上处于绝望中、呼唤帮助的人不会视而不见或硬起心肠不管。这就是艺术的意义。这使我们能成为苏州伟大的艺术学校。这也是今天我们那么多人来参加画展开幕式的原因。

衷心感谢大家的到来！

2015年4月24日

心缘、随缘、姻缘

——为《因心随缘》作序

周振威老师退休了，消息传来，我虽已心中有数，总不免有些怅然。振威老师是我校资深的美术教师、省特级教师，为六中的艺术教育发展立下了汗马功劳。

到任六中之前，便久闻其专业水准高、为人谦逊等雅讯。到任之后，接触更多，了解渐深。记得有一次，我找他深谈教学改革，希望他能带出一支教学强、业务精的艺术师资队伍，周老师沉思片刻，说道："业精于勤，我还是主张抓基础，提升绘画水平与教学示范能力。"此后，他没主动找过我，只是偶尔遇到时，他总对我说有空来看看他们的画。两年来，六中共办了大大小小六次画展，让我惊讶的是十二位美术老师都拿出了自己最好的作品。这是因为高铁效应正在发挥着巨大的力量，每一位美术教师都似一节高铁车厢，发挥出强劲的动能。再看周老师的作品，每一次画展他都是作品最丰富、最精彩的，从速写到水粉，从国画到书法，从写生到创作，看得出那一份执着与坚定，读得到那一份热爱和操守。因为热爱，他执着地手持画笔、直抒胸臆；因为坚定，他执着地立于讲台、悉心指导；因为这份操守源于心，这份心是对艺术的孜孜追求，是和教育割舍不下的缘。心中有画，自然下笔有神；心中有缘，自然出手有源；心中有教，自然意在学生；心中有育，自然一切皆为学生未来所思而虑。周老师就是这样一位与教育、与艺术结下心缘之人。

他唯一来办公室找我的一次，就是请我为他的这本书写序。我欣然应允。读他的作品，或山水，或人物，或花鸟，或风景水彩，或人物速写，张张精彩入微、妙趣自然。书画者，练心达意也。但凡酷爱艺术学习艺术之人，都有这样的对完美之域的追求。王国维在1903年所写的《论教育之宗旨》中提道："而精神之中又分为三部：知力、感情及意志是也。对此三者而有真美善之理想：真者知力之理想，美者感情之理想，善者意志之理想也。完全之人物不可不备真美善之三德……"周老师酷爱艺术，也是倾心教育之人。从南京师范大学国画专业毕业后，他即入盐城师范学院任教，后调任苏州，在苏州教育学院艺术系和苏州六中之间做选择。所幸当时校领导积极争取，后来周老师便开始了在六中的几十年如一日的美术教学工作。在交流中，他讲得最多的话，可能就是"随缘"。他经常说自己画室的斋名为"游梦楼"，就是因为他是一个爱做梦的人，爱做梦的人必定有随缘的心态。说得多好啊！一个教育人，一个艺术人，一种状态，一份淡泊，一卷隽永，一生达成。作为前辈，他给六中人树了一个榜样，他为教育人同样做出了表率，淡泊名利，埋头教书，平心静心，只为学生；隽永创作，自我达成。何等可敬，何等可佩！

这本画册中全部的画评都出自周老师夫人易小珠女士之手。说起他这位夫人，也是了得人物。她是中国昆曲博物馆原副馆长，文字雅致如本人，格调清新如其做派。她母亲韩德珠女士是当代著名的民俗文化研究学者，还曾与我伯父张晓飞先生合作出版过连环画《五姑娘》——这也是在当时的文艺界产生了较大影响力的作品。所以说周振威老师伉俪的这段姻缘，是一段艺术和文学的姻缘，一段美育和智育的姻缘。这段姻缘将教育和艺术紧紧结合，相辅相成，今日读来赏心悦目，令读者流连，让读者拍手叫好！

心缘、随缘、姻缘，这一串串故事动人感人，这一幅幅作品美妙入神。源于心，归于缘，意到便成，迥得天意，祝愿振威老师下笔有神，佳作不断，是为序。

2015年5月13日

相由心生

——在庞茂琨、李晓林画展上的致辞

三十年前，我曾经梦想成为一个艺术家，因为对当时的我而言，艺术家的形象就如今天庞茂琨、李晓林两位教授一样亲切，让人崇敬。

二十年前，我在大学教书，我曾经梦想做一位大学教授，闲时继续进行艺术创作与评论，从大学教师到教育行政岗位，从行政部门到四星高中，从高等教育到职业教育，从教育国际化到高中多样化，从教育政策到艺术教育，似乎与艺术很有缘。

两年前，有缘来到苏州六中——一所艺术高中，我就梦想为苏式教育雕一扇艺文并重的花窗。

今天，有缘来到这里，我和我的同事、学生，被这五十六件艺术品吸引。

大音希声、大象无形，是道家的箴言。我相、人相、众生相、寿者相，是佛家用来传道的经典。

肖像、人像、心相，艺术是用来述说这些的语言。庞茂琨、李晓林两位教授或色粉，或水彩，或素描，用艺术的语言描画着精彩。虽是西画，但让我读到了中国艺术家的气韵。

中国哲学中关于气的思想，决定了中国艺术对气的高度重视。中国艺术中的刚健、充实、辉光、洞达、骨力、神气、神韵、变化等范畴，均来自气。

今天的五十六幅作品“根底深厚，性情真挚，理愈积而愈精，气弥炼而弥粹。酝酿之熟，火色俱融；涵养之纯，痕迹俱化”，在“自在流出，毫不费力”之中臻于化境——而此间所生无所住心。这需要的是画者性情的真挚、积精的真知、粹炼的真气，以及无法之法的真法。

《中庸》有云：“君子之道，察乎天地。”而“天地之道，博也，厚也，高也，明也，悠也，久也”，所以，中国艺术家总是强调“观我生，观其生”“复见其天地之心”。

两位艺术家通过肖像表达出对社会、民族的关爱、关注、关切。真挚的情感通过绘画的语言来表现，其作品传递的不仅仅是视觉层面的美感，也不仅仅是四川美院、中央美院那强大的气场，更多的是画者那“相由心生”的人性之美、气韵之美、通达之美。西方文学史之父弗里德里希·施莱格尔反复说过：“最好的艺术理论就是艺术史。”艺术家的创作也是撰写历史的过程，我们将在这个过程中汲取真知，感悟真挚，悟得真法，无所住而生其心。

祝画展圆满、来宾安康！

2015年5月29日

十分钟展示、十分钟交流、十分钟英语测试，北京大学博士生的复试就此开始了，五位评委老师的评判，将决定我能否通过复试。

应该说我还是比较镇定的，一页页PPT展示充分，也许是我的经历和选题较为不寻常，因此估计导师们的问题也会存在探讨性。第一位老师对我的经历看得很认真，马上就提出职业教育与美育的关系问题，自然不是同一个层面的两个方向，职业教育与美育应该是包含关系。在讨论中，我重点提到了课程，这些问题都是现实性的，与理论没有干系。看得出北大的教授们还是非常务实的，有位评委说到了我的美国硕士头衔，谈到了研究方法，我无意间说到了计量经济学，这部分被老师盯住问了一番。说实话我真没接触过相关的统计工具，再三回避不成，只能坦言。

英语的测试是朗读和翻译，我选到了第十八题，朗读自然没问题，可翻译成中文则不是那么容易的。文章是原版的新闻报道，读来生涩，这种翻译相当于同声传译，是有一定难度的，好在说出大意是没有问题的。最后还有几分钟老师也没问题了，让我说两句。我就表达了我是爱好学习教育才来考博士的，和职业生涯无关的想法。现在反思，思维是很欠缜密的，本来这是个加分的好机会，我想用真诚打动评委，可语言组织不够到位，还是感觉火候不够，如果有经验的话自然效果更佳。

从评价方式来看，博士的考试评价还是很科学的，语言组织能力、表达能力、研究设计能力、分析能力、理论水平、认知水平、学术交流能力，甚至个人魅力方面都有所涉及。从遇到的面试者外表看，我们这个方向的考生似乎每个人都是十分注重礼仪装束的，女士们都是略施粉妆，男士们都是西装革履，相比而言，教育学原理和教育博士专业的考生们显得十分休闲，更像一个在校学生。好在这方面我是有研究和心理准备的，是绝对的职场中人。

一次完整的博士考试完成了，期待能如愿进入博士圈，进入燕园学子的行列。未名湖、博雅塔，我还来不及好好欣赏你们，总有一天，我要好好读读你们。

2015年6月7日

共度年华（二）

本人忝列“教育圈”，说来惭愧，以学校为业，与艺术为伴，实际上是三年前开始的。

三年，于人生而言，弹指一挥，白驹过隙；三年，于高中而言，豆蔻岁月，终生难忘；这三年，于我而言，弥足珍贵，收获满满。感怀、感激、感动！六中秉先辈夙愿，载师生理想，树大爱尚美之理念，创多元平台谋发展。核心在为学生成长尽心力，为教师发展多思量。

某日，喜见校友画作，萌发办展览、向社会各界汇报之念。数月来，各界校友云集吐璞，美不胜收，我校教师倾心聚力，其乐融融。美哉，我校友今日之风采奕奕。乐哉，为师者所盼之“青出于蓝而胜于蓝”。

鲁迅先生说，文艺是国民精神所发的火光，同时也是引导国民精神的前途的灯火。这说明任何优秀艺术都不同程度地给人以某种教育。这正是我们苏州教育人践行的，六中人为之努力的。这短短的三年，于我而言，不仅仅是三年，而是作为教育人一生的追求；于校友同学而言，我希望在六中的三年会给学生们留下今后三十多年受用的财富。

唐寅名联：“苍松翠竹真佳客，明月清风是故人。”今天我们迎来了诸多六中的佳客故人。感激各界领导、诸位贤达对我校办学的提携和鼓励，感谢来自市美术馆、国画院、中国美术学院、南京师范大学、南京艺术学院、苏州大学、江南大学等单位的诸多专家平日里的关怀指引，你们是学校真正的佳客，是教育永远的故人，我辈唯以办学佳绩作为回报。

祝画展成功！祝校友顺达！祝来宾安康！

2016年3月17日

现在看来是越来越难了。

进入专业考试之前，必须通过英语考试。第一次考，摸不着门道，心想着总不可能比雅思还难吧？于是找来一套雅思真题做，但总有处理不完的事务，所以一套题也没做完，只是做了听力、看了写作。发现自己听力还是不错的，就是题型不熟悉，正确率有待提高。之后就再没有时间去碰英语了，就这样走进了英语考场。考试叫GATE，即Graduate Admission Test of English（博士研究生英语水平考试），题型真是和雅思差不多了，听力不容易，阅读量也够大，最难的是写作了！这和雅思最大的不同是有一篇英翻中，也是最后一篇作文。要求看完文章，用中文写小结，也就是缩写。前面的题目已经做得很晕了，最后的文章居然是又生涩又冗长的，看看时间，只能大胆地略写自己的理解。

周围的人有的还很年轻，进场时还在背单词、看书本。整张试卷测试你综合的英语听写、阅读能力，尤其是写作能力、英语文献的翻译能力。总体来说，还是很有难度的，不输雅思考试了，难怪郑也夫先生在《吾国教育病理》一书中说北大的博士英语考试要求实在太过。我即使通过了考试也觉得太难，而且感觉较前两次的考试更不适合学教育的研究者。这次只有49.5分。尤其是听力失分最多，心中不服，只能接受！毕竟还是有许多人被淘汰了。

今天，3月12日，我又参加了专业课考试。熟悉的地方、熟悉的模式。题目和我预想的类似，谈教育质量观，评述一部论著，从理论角度论述教育的社会分层功能，最后是分析和论述中美高等教育的分化及异同点。

总共有四大题，展开论述就是八大题，因为每一题都有两方面的论述。既要有理论支撑，又要有时政知识，还要有实践思想。这真是考能力和水平的好卷子，让我有回到蔡校长时代的北大的感觉。真是思想自由、兼容并包！这也是北大那么吸引我的原因。财务自由、时间自由、思想自由或者精神自由，这是这个时代最难以完全拥有的，尤其是精神层面的自由。

之所以再次考博，是因为对北大精神的迷恋，对真理的渴望，对寻找答案的思索。中国教育的太多问题需要有解决之道，我们有责任，因为我相信再小的一点努力也是一份贡献。我相信当发现一些事不对时，你必须采取行动，不然，你会成为问题的一部分。

2016年4月15日

读《家是另一个学校》后感

刘晓博士和程毅博士是我在美国的好朋友。刘晓博士是我在马里兰大学做访问学者时认识的。她在马大教育学院读完博士后，在特拉华州教育厅工作，慢慢地在这个小而精的州扎根，后选择进入特拉华非常著名的私立学校——塔山学校工作。也是这个原因，我把塔山学校作为我调研美国K-12学校的重要对象。

2016年11月，我重新来到马里兰大学，在教育学院做访问学者。张瑛老师是马大教育学院的高级讲师，典型的老苏州，在美30多年了，非常熟悉美国的基础教育。她到马大后主要负责教育学院中文教育的硕士项目，这已经成为东部地区就业率最高的项目。跟着她调研是非常有收获的。每次和她聊学校的时候，她总是会提到刘晓博士，说她是一个非常有干劲的中国人，相信她一定能有所作为。那时候还没见过刘晓，通过张老师，我有了对她的第一印象。

一次，张老师带着我一起去调研华盛顿大区外的私立学校，其中就有特拉华的塔山学校，于是我和刘博士在学校会面了。她带我们参观了学校，并谈了些关于中美教育的现象，对我来说很有启发。她谈吐稳健、作风干练，给我留下了非常好的印象。此后我再次去波士顿探校，又去她的学校见了副校长、国际办公室主任、招生办主任等。我发现她把人际关系处理得非常好，从学校不同层面的领导者到最普通的安保人员，她都能很好地与他们沟通，让我们感受到她是当地非常受欢迎的中国人。在中国完成高等教育再到美国深造、工作，一般来说，融入当地文化的确是不容易的，她在短短的几年内，非常成功地完成了这个环节，可以从她身上看到很多珍贵的品质，真诚、果敢——是我对她的评价。

2017年我回国创建了北外附属龙游湖学校，2018年初就和刘博士联系，探讨课程设计。当时就想我们是不是有可能将设计的课程出版成书，以飨读者。同时，为了更加深刻地了解创校的过程，她主动提出利用暑假来南通帮助我们一起筹建，于是她成了我们短暂的助理校长。她给教师做培训、给家长做讲座、帮助我们一起招聘外教，从投资者到普通老师都非常喜欢这位刘校长。回到美国后，她还继续帮助我们建立了中美两地之间的互动和交流的通道。

2019年我回苏州工作，在海归人才子女学校任职，这是一所IB学校，刘晓听说之后，便和我约了回国之后来苏州相见。那次见面虽然很短暂，她还是坚持利用半天时间去听课和做课堂观察，如此好学专注的博士实在难得啊！当时，我很想劝他们一家回国发展，也诚意邀请她加入，希望他们回去好好讨论一下。不久，他们回到特拉华，决定继续在美国发展，刘晓还申请了宾夕法尼亚大学的教育硕士项目，为此我们还好好讨论了一番，我专门帮她写了推荐信。新冠肺炎疫情期间，我看到他们一直忙着运营他们的公众号——“美国双博士爸妈”，还有好多场线上论坛直播，人气非常旺。正在默默为他们点赞时，刘晓给我发信息说他们的书已经完稿出版，要寄一本给我，希望我提提建议，这着实让我有点惊讶。在短短的一年多时间里，他们俩这是做了几份工作啊！他们是职场精英，是最佳爸妈，还是教育在线主播，更是教育作家！感叹之余，认真地读了一遍他们的新作，有点感触，记录一二。

《家是另一个学校》非常契合当下我们提倡的“家校共育”的主题。这本书完全聚焦在家庭教育上，从“父母”这个视角去看教育，并给出了12种家庭教育的能力，非常贴近生活，便于理解，应该也是十分有效的。该书的写作风格是十分朴实的，当你读这本书的时候，就感觉是在和刘晓博士聊天，她只是轻轻地诉说他们家的一些小事，比如买生日礼物啦，带孩子去游泳啦，两个孩子吵架啦，等等，但每一个小故事背后都有一个升华。这就是在告诉大家，教育其实没有大事，教育机会都是在平时的点点滴滴中产生的，而处理这些点滴所积累的能力就形成了教育艺术。全书渗透了一个主题：爱；两个关键词：学习与反思；三个境界：认识、融入、突破。

读完此书，读者能更加认识到家庭教育里只有一个“爱”的主题，书中字里行间都流露出浓浓的爱意——爸爸的画稿、精心设计的思考工具、制定的家庭格言等。在家里我们不争是非，只讲爱！家庭教育的根本就在这个字。很多家长都说应该好好陪伴孩子成长，而真正有质量的陪伴不是简单的“在一起”，而是用心去爱。很多家长都不知道如何去做才能表达，如果让家长读读这本书，可能会让他们在这12个能力的启发中渐渐学会如何去爱自己的孩子。

通读全书，可以看到两位博士爸妈不断地在学习。向书本学、向其他家长学，更重要的还有向孩子学。学习是教育的核心，父母的学习能力将会影响到家庭教育的直接效果，如果不学习不思考，往往会人云亦云，传递焦虑，产生负能量，不断制造新焦虑，如此往复循环。刘晓夫妇在学习之后，还有一个重要的环节就是他们会认真地相互探讨，这就是一个反思的过程。有的时候他们还征求他人的意见，因此他们就有一个去伪存真的过程，他们的学习效果就非常好。真希望焦虑的家长们能多读一读这类家庭教育的好书，让积极的正能量影响每一个家庭，让孩子在积极健康的氛围中长大。

全书对12种能力的诠释，其实也是作者三个阶段的写照——从认识家庭教育，看到问题，到融入其中，直面问题，分析问题，再到寻找答案，优化方案，最终突破。这是一个非常健康的过程，也是和孩子共同成长的过程。我想，每个家庭在享受这个过程的时候一定有煎熬、有困惑，也有收获、有幸福。让我们融入新时代的家庭教育之中，找寻我们共同的解决方案，期待我们每一个家庭都能拥有刘晓博士夫妇那样的教育能力，让我们孩子的未来更加光明！

静美思

大家好，我是苏州工业园区海归人才子女学校的校长张剑澜。作为一个苏州人，对园林总是很有感情的，无论是沧浪亭的浮生若梦、狮子林的江南春景、拙政园的淡墨停云，还是艺圃的香可度和留园的花步徘徊，都离不了那一个“静”字。

今年我对这个字有着不同的感受。

这个庚子年春节假期有点出奇地“静”。“静”于全国人民宅在家里，“静”在喧闹的都市一下子悄然下来，“静”在原本拥挤的人群顿然拉开了距离。大家都知道这一切都是因为一场突如其来的疫情，我们似乎对这份“静”有点不知所措，甚至有点无法接受。

朋友们！我在感受这种“静”的同时，也感受到了“波澜起伏”“汹涌澎湃”！全国四面八方的医务工作者在志愿者集结号吹响之后会师武汉，全世界华人的捐赠在祖国母亲需要的时候纷纷抵达，全国教育系统一致拉开了“停课不停学”的序幕。我们在宁静中参悟这种至高的美！我想，这是我们人生中难得又至关重要的一课。

校园里的玉兰花开放了，我蓦然想到，当我们静静等待春暖花开的时候，又有多少逆行者无畏地走向“战区”；网络课程的研讨会刚刚结束，我又自然地想起，当我们静静守在网课屏幕前的时候，又有多少研究者紧紧盯住实验结果；新闻里报道方舱医院清零了，我又想起，当我们静静看到确诊病例归零的时候，又有多少医护人员终于在深深的口罩压痕下绽放出静静的微笑。

我的书桌上总是放着《中华文明史》和黑格尔的《美学》，我理解的"静"是《诗经》里的草木、《楚辞》里的山风，"美"是春秋时的争鸣、魏晋时的风流，是唐诗宋词的韵律、明清小品的清雅，是一切先人的文艺；我感悟的"静"还是平江路上的吴音评弹，"美"还是绕梁不绝的昆曲。现在，我更深知"大爱、大美"是逆行者的步伐、科研者的坚韧、教育者的无私、执政者的胸怀。

朋友们！这就是我们中华民族的初心与底色，让我们珍爱这份民族底色，点亮身边的一切美好，愿世界从此多彩多姿无穷尽。

研精静虑

美德立人生，智慧行天下

[摘要]：在21世纪的教育改革过程中，有一点极为重要，即中学要有自己的办学特色。在以新课程改革为契机的时代，我校以课堂改革为动力，以创新谋发展，形成了独特、稳定、品牌化的个性风貌，主要体现在管理理念创新、精神体系建设扎实、思想观念规范、审美观培育践行四个方面。

[关键词]：办学要义；管理；教师精神；价值观；审美观

对于学校来说，办学特色是在长期的实践中形成的本校优势和传统，是办学质量和品位的体现。作为一所全新的学校，北外附属龙游湖外国语学校围绕“全面实施素质教育，深化教育领域综合改革，着力提高教育质量，培养学生创新精神”的思想进行教学改革，以美德与智慧教育为根本，不断探索品牌化、精品化的办学特色道路。

一、创新管理理念，以人为本树立认同感

在教学管理中，如果过度强调以升学率为导向，重视量化评价、规章制度的约束，忽视

教职工创造性、自主性与学生能动性的发挥，容易使教职工与学生成为学校管理的盲从者，严重影响教育办学工作的开展。我校作为一个高起点、以培养全面发展的智慧个体人才为目标的教学组织，将教职工与学生作为管理的重要对象和主要资源，形成了“先认后管、先帮后管”的管理模式。

首先，管理源于认同，认同是管理的前提。中国人认的是人，西方人认的是规则。孔子说“三畏”：畏天命、畏大人、畏圣人之言。不同于其他社会组织，学校是有计划、有组织地进行系统教育的机构，输出的是由专职人员承担的有目的、有系统、有组织的，以影响受教育者的身心发展为直接目标的社会活动，其重点不仅是关注学生知识与技能的学习，更是关注学生正确价值观念的树立。因此在学校的管理中，首要的是建立情感上的共鸣，树立认同感。在以认同感为先的管理中，人是最活跃、最积极、起决定作用的因素。故而需要充分理解人、尊重人，建立有效的激励机制，调动人的主观能动性，开发人的潜在能力，以人的发展为本，并且将人的发展与学校的发展紧密捆绑在一起，尊重学校组织中各类群体的生命、人格、价值及各项权益，使其认识到自己被组织所需要和尊重，获得他人对自己的认同，从而产生源于本心的努力和追求，这是极有价值的课题。

其次，认同源于帮助，而这种帮助又可分为自我帮助与帮助他人两个方面。对于个人及组织来说，要想获得他人的认同，必须保证自身有值得被认可的地方。欲先助人，必先自助，完善自我、整改组织，使自身具有令他人信服的闪光点。当具备被他人认可的条件后，再行助人，准备好先付出，尊重教职工，倾听他们的声音，沟通思想，相互理解，相互信任，多办实事，搞好服务。只有把教职工当学校的主人，他们才能把学校视为自己的家，工作才有归属感，并忠诚于学校，变被动为主动，才能无私地付出。总之，要体现以心换心，以情动情的原则。

二、建设精神体系，以身作则树立榜样

新一轮基础教育课程改革倡导关注人的“生命的成长”，要求“一切为了学生的发展”，要求“还给学生人性的课程和‘全人’的教育”。在这种大背景下，必须对精神体系进行全方面的建设，其建设的重点不仅要放在学生身上，还要面向老师。学校应既有美丽教师，又有动人学生。

未成年学生的人格与价值观还处于形成与完善阶段，在这期间他们犹如纯洁的白纸，很容易被诱惑，被误导，而教师则是学生发展阶段最重要的引导者。若要确保学生健康的成长，守护者的榜样作用绝对不容忽视。在《谁把孩子带进了“精神猪圈”》一文中，作者指出：“孩子是‘家庭子宫’和‘社会子宫’的分娩物。社会学家认为：人是出生两次的动物，第一次出生取决于生物遗传，第二次出生取决于社会遗传；第一次出生使其具备了外在的长相，第二次出生使其具备了精神的长相。而一个人‘精神长相’的美丑，往往与家庭环境、社会环境的好坏呈正相关。”换句话说，在与学生的相处过程中，教师在浑然不觉中移植着优缺点，无形中对学生的品格起到了塑造作用。

安其学而亲其师，乐其友而信其道。作为教师，不仅要有渊博

的知识和扎实的基本功，还要有人格道德魅力，以身作则，发挥榜样作用，真正成为学生人生道路的引导者。作为校方，应重视对教师的培训，为教师搭建参与管理与提高自我的平台，使教师先成为优秀的自我，然后再扮演好引导者的角色。作为教师，首先应当明确其威信的建立。教师威信不是靠“老师”这个称谓带来的，更不是靠说教和体罚强迫来的，而是靠教师自己的情操和品格对学生产生潜移默化的影响后自然生成的。那么，教师应该如何发挥自己的榜样作用呢？简言之，即“以渊博的知识培养人，以科学的方法引导人，以完善的人格唤醒人，以优雅的气质影响人”。在道德方面，尊重每一位学生，深刻地意识到学生是独立的、与教师平等的个体，应当受到老师的尊重。平等公正地对待所教的学生，无论他们是聪明还是愚笨，乖巧还是顽劣。以身作则，严以律己，以自身实际行动向学生传递精神信念，使学生真正信服并自觉模仿。在学识方面，要具备渊博的知识和扎实的基本功，学高为师，身正为范，使学生获取知识，提升能力，得到指点，受到启迪。站在学科专业知识前沿，不断更新自我、提高学术水平，充分展示个人的知识魅力，让学生喜欢甚至是崇拜自己。成为隐形的旗帜，指引学生到达知识的彼岸；成为无声的号角，激励学生走向自我完善的高峰。

三、规范思想观念，四位一体教育学生

价值观是个体对人生的目的、意义和道德的根本看法和态度，是文化的核心要素，也是个体社会化的重要内容，从根本上决定着个体的道德品质及其一生的发展方向。青少年时期是人生观

和价值观形成的关键时期，价值观教育对青少年确立积极和健康的人生观和价值观有着极为重要的作用。随着社会经济、文化的不断发展，社会意识形态领域也面临各种冲击，青少年的人生价值观容易受到不同思潮的影响，这对教师的教育工作提出了新的挑战。

首先，学校办学的宗旨和理念就是应对未来。在未来，学校要培养怎样的人？这是一个根本性的问题。社会未来的发展，人工智能的到来都会给我们的教育带来新的挑战。未来的职业还有哪些存在着？还有哪些是未知的？要解决这些问题都会和我们的价值观相联系。我们的认知可能是有限的，但有什么是无限永恒的呢？人类有什么样的东西是能够永远不变，能够应对我们所不知道的未来的呢？只有两个是我们必须坚守的：一个就是人类社会的美德，一个就是人类的智慧。

因此，北外附属龙游湖外国语学校坚守美德与智慧这两个关键词。“以美德立人生,以智慧行天下”，这是我们的办学理念。我们恪守“致正达慧”的校训并以此设计我们的课程，设计我们的学校，让学生能够凭这两个不变的要素走遍天下，丰富自己的人生。

其次，精心设计四位一体的课程，为未来而教。学校在设计课程的时候就坚守“国学+国际”“科学+艺术”的理念，组成了一个学校特色的CISA课程，这也是我们学校在办学过程中不断探讨、不断改革实践所形成的一套我们自己的四位一体的特色课程。让学生在各种各样的活动中、各种不同的文化体验中，以及不同的教学模式中能够获得他们想要的知识、能力和价值观，从而让他们也有可能分享自己的学识，与世界共享。

学校旨在通过四位一体的培养，让学生形成优秀的品质，将国际理解融入其中，全面达成教育效果。要拥有国际理解，一定要先理解本民族的文化，要对我们本民族的文化有深刻的认识和热爱才能够走向国际。同时，要对别人的文化表现出绝对的尊重和理解，这样我们才能够创造一个和谐的世界，实现我们的中国梦。这也是我们每个学校当下应尽的责任。

四、结语

办学理念体现的是学校的教学之道、求学之道、管理学校之道，是教育工作者实现自己人生价值、追求卓越、走向辉煌之道。李岚清在《教学访谈录》一书中提到办学理念时，指出办学就要白里透红，与众不同，要有办学特色。教育是充满辩证法思想的，办学既是共性的问题，更是个性的问题，艺术优势不只是一种学科优势，还要精心地不断提炼，在教育管理上，认真规划，形成共识，日积月累，体现特色，形成品牌化、精品化的办学特色，为学校寻找新发展，谋求新契机，创造新佳绩。

参考文献：

1. 曾伟. 领导管人. 流程管事［M］. 中国经济出版社，2019.

2. 张丽钧. 谁把孩子带进了“精神猪圈”［J］. 青年博览，2016.

3. 袁卫星. 生命课：一个教师的教育手记［M］. 天津教育出版社，2006.

应用Prezi技术进行教学的利弊综述

［摘要］：作为一个新的演示技术，Prezi被认为是最符合人类非线性思考习惯的演示文稿制作软件，它在教育领域的应用有其重要的意义。本文从其设计的理论基础出发，发现其使用的优势与劣势，从而提出使用Prezi的合理化建议，更好地让技术为教育服务。

［关键词］：Prezi；教学应用；思维导图

Prezi是通过缩放动作和快捷动作使表达方式更加生动有趣的一种演示文稿软件。它创建的初衷源于幻灯片演示文稿的线性呈现方式不符合人们非线性的思考习惯，限制人们对想法的充分表达。匈牙利学者Peter Halacsy和Peter Arvai于2009年开始着手创建这种能更好展现人类思维过程的动画演示软件——Prezi，旨在让演示过程更加生动，让人过目不忘，印象深刻。随着Prezi软件的兼容性和功能等不断地更新和优化，它已经成为一种广受欢迎的云端演示文稿制作软件，使用者可以在Prezi网站进行在线创建、编辑，也可以通过多终端创建、编辑。

一、研究背景

（一）信息技术发展促进教育改革

信息技术的发展正在将新的能力引入课程的核心。这些新的能力包括数字和技术素养、技术知识、作为关键语言的编码能力、理解数字内容的能力以及课程本身的数字化。技术也正在成为其他核心竞争力的组成部分和促进者。在应用信息和技术协同解决复杂问题，以及创造和分享新想法的时候，个人与他人开展合作需要技术能力。所有能力的获取和应用都是由技术推动的，因为技术不仅是学习的主要工具，是使学习环境得以实现的核心部分，其本身也是一种能力。

技术革命正在支撑着信息革命，随着互联网应用在教育行业的日益普及化，信息技术对教育发展的革命性影响日益显现出来，逐步引发由量变到质变的过程，成为推动教育变革的重要引擎。早在2001年，我国教育部就制订和颁布了《基础教育课程改革纲要（试行）》，在《基础教育课程改革纲要（试行）》中就明确指出：大力推进信息技术在教学过程中的普遍应用，促进信息技术与学科课程的整合，逐步实现教学内容的呈现方式、学生的学习方式、教师的教学方式和师生互动方式的变革，充分发挥信息技术的优势，为学生的学习和发展提供丰富多彩的教育环境和有力的学习工具。

信息技术的发展对教育提出了新的要求和挑战，冲击着教育的传统领域，导致教育中产生新与旧、先进与落后的矛盾斗争。为了培养出具备与社会发展相适应的科技知识和生产技能的高素质人才，信息技术将通过改变教育者的观念，影响教育内容、教育方法、教育手段等方面来促进教育的革新与发展。2010年，中共中央、国务院颁布了《国家中长期教育改革和发展规划纲要（2010—2020年）》。在《国家中长期教育改革和发展规划纲要（2010—2020年）》中提出：信息技术对教育发展具有革命性影响，必须予以高度重视。

（二）Prezi软件的诞生

人的思想和各种想法，不仅仅具有逻辑性，往往还带了点飞跃和天马行空，而恰恰就是这种飞跃和天马行空的灵感乍现能铸造奇迹。Prezi的诞生就是这万千奇迹之一。

2007年，三位年轻的工程师Adam Somlai-Fischer、Peter Halacsy和Peter Arvai在为其所在公司项目启动会做准备时，发觉传统的幻灯片形式过于单调，线性的表达方式限制了他们对创意的充分表达和阐释，便决定开发一款软件帮助同样在幻灯片演示上有此困惑者充分表达自己的想法。2009年，他们终于成功研发出了一款新型演示软件——Prezi。他们顺利获得了投资，并在自己的家乡匈牙利首都布达佩斯成立了公司。2009年7月，James Geary在TED Global发表了名为"Mixing Mind and Metaphor（混合思维和隐喻）"的演讲，在演讲中使用Prezi来设计和辅助演示。这种与众不同的、独具一格的、跳跃性的演示方式成功地吸引了人们的注意，Prezi一时声名大噪。借此契机，在同年11月份，Prezi在美国旧金山开设了分部。

2015年9月，Prezi官方公布，Prezi演示文稿数量已达到10亿篇，Prezi用户突破6000万人。从2009年至今，短短十多年的时间，Prezi已成为时下的主流演示媒体，甚至有人预言，Prezi最终将取代Microsoft PowerPoint。“Prezi正在帮助重塑演讲的艺术。”TED的CEO Chris Anderson如是说。

二、研究目的和意义

（一）研究目的

笔者在苏州市第六中学任职校长期间，曾参加一次国际教育会议，会议上经济合作与发展组织（OECD）教育政策特别顾问、教育司副司长安德里亚·施莱彻（Andreas Schleicher）在介绍全球PISA考试时，利用了Prezi软件辅助说明，与会者被Prezi炫目的界面所吸引，于是会后我们也开始了对Prezi软件的研究与应用。它首先被应用在地理教学上，学生在老师的带领下能更加积极地参与课堂互动，笔者通过课堂习题检测也发现Prezi这种新颖的演示软件更加有助于学生理解和掌握知识。这激发了笔者对Prezi软件辅助教学的极大兴趣。

（二）研究意义

目前在国内已有一些学科开始了对Prezi软件在课堂教学中的应用研究，但Prezi软件在教学中应用不多见。在《基础教育课程改革纲要（试行）》中就明确指出促进信息技术与学科课程的整合，这就要求基础教育的改革课堂教学要与时俱进，紧跟新课程改革的要求向前走，积极推进先进软件在我国各级教育教学中的应用，提高课堂的教学效率。

2021年两会期间，习近平总书记看望参加全国政协会议的医药卫生界、教育界委员。针对“家长焦虑”的背后是“唯分数论”的指挥棒，总书记一语道破：“教育，无论学校教育还是家庭教育，都不能过于注重分数。分数是一时之得，要从一生的成长目标来看。如果最后没有形成健康成熟的人格，那是不合格的。”虽然我们国家教育方针与理念一直在提倡素质教育，强调素质教育的重要性，提倡为教育减负，但在高考压力的迫使下，当今高中课堂上填鸭式、强行注入式的教学模式仍然存在，希望借助Prezi软件在高中地理教学上的应用，转变过去单独注重知识的传授倾向，提高课堂中的学习效率，吸引学生的学习兴趣，由过去的“要我学”转变为“我要学”。

由于Prezi软件在我国属于近年来新兴的软件，大部分应用于商业演讲领域，在教育领域应用较少，Prezi被完全应用于教学的就更少了，但在国外尤其是美国课堂利用Prezi辅助教学则十分常见，几乎每个课堂都能见到它的身影，并且Prezi官方特别注重教育板块的开拓，特意开设了教育版本。由于Prezi并没有开放中文版本，编辑界面全是英文，很多教师面对Prezi软件仍是心有余而力不足，好在国内一些开发者已经开始了相应软件的开发，如AxeSlide演示软件，相信未来如果有了汉化，或者有了中方开发的类似产品，会让使用者对其更加容易掌握。

三、Prezi软件的理论基础

（一）思维导图

在国内，思维导图受到翻译的影响，又被称为“思维地图”“脑图”“知识树”等。以“大脑先生”闻名的英国著名心理学家托尼·巴赞是思维导图这一概念的创始人。这是一种具有创新性、革命性的工具，他可以将我们抽象的发散性思维具化为图形来表达。

思维是具有放射性和跳跃性的，而思维导图就是将人类跳跃的思维通过某一个关键词整合起来，形成独属于自己的知识结构。托尼·巴赞曾说过思维导图就像是我们大脑的说明书。思维导图将掌管说话、领会文字、数字、作文、逻辑、判断、分析、直线等理性思维的左脑和主宰图像、颜色、艺术、空间、创造力的右脑充分地协调起来，让科学与艺术齐头并进，让想象与逻辑相辅相成。它利用层次的隶属和节点发散结构，借助图像与色彩的巧妙结合，协助我们组织信息来增强和重塑对知识的理解和巩固，加强对已有知识经验和新增知识之间的桥梁和纽带联系，从而开发人类大脑的潜力。其特点有：

1. 思维外显化

思维导图的目标就是把人们看不到、摸不着的想法外显出来，可借助的工具就是词汇、线条、颜色、符号、图像，以此来表达信息之间的联系。这种外放的知识脉络，由关键词、图像和色彩构成，能够有效地帮助使用者理解知识，使知识更易被大脑所接受，从而可以提高人们的记忆力、思维能力和注意力，这种动态的、外显的思维模式生动地描绘了知识体系，加速了知识的吸收，促进了思维的发散，是其他静态的思维模式所不能比拟的。

2. 离散和聚合并存化

思维导图以中心关键词、某个事件或事物为核心，向四周呈现逐级的分散，就像是向四周展开的一张大网，但这些节点又独立地存在着。这就使得思维导图可以打破常规固有的思维模式，重新排列组合，最终形成全新的成果。

3. 个体定制化

思维导图是为了更好地辅助个体理解知识，建立新旧知识和事物之间的联系，从而达到开发大脑潜力的功能。所以依据每个个体身心发展的差异性和对事物认知水平和能力的不一，就使得每个个体在绘制思维导图时迸发出不同的火花。

不得不说Perzi软件的界面就像是人们在绘制思维导图时的那一张张白纸，可以随着人类思维的发散和跳跃展示出非线性的效果。

（二）学习理论

“素质教育”区别于“应试教育”的一个标尺就是关注“方法论知识”和“价值性知识”。这是一种从“实质性知识”向“方法性知识”的重心转移，是一种广义的“学校知识”的概念。学习者的认识形成过程类似科学的形成阶段。这就是从体验到理论的过程：体验无非就是意义的关联；经验是经过梳理的体验；实验是有意识地设定目的、条件；逻辑是梳理、归纳、表达事物的方法，借助归纳与演绎揭示事物的关系，形成思考的框架；而理论就是确立客观的自然法则的最终阶段。

纽曼指出，真正的学力应当具备三个要素：知识的建构，训练有素的探究，超越学校的学习价值。分科课程强调知识的系统性，综合课程强调知识的动态性。他认为，单纯基于生活经验的学习存在两个问题：一是依靠有限生活经验来掌握日后社会生活所获得的知识技能是很困难的；二是靠生活经验所获得的知识、观念往往是错误的，要学会如何加以琢磨和修正。解决这双重难点的机构就是作为制度化的学习场所——学校，这就是学校教育存在的意义。

那么，在学校里的学习是如何产生的？如何理解学习呢？保罗·弗雷德认为："没有了对话，就没有了交流；没有了交流，也就没有真正的教育。"戴维·伯姆认为："在对话中，我们不是相互对抗，而是共同合作。"美国托马塞罗提出，大凡学习都是"文化性的学习"，应当作为一种"文化实践"来研究。日本佐藤学认为，学习实践是为借助同他人的合作所实现的"合作性实践"（Collaborative practice）。所以，学习可以理解为：一是学习即行为的变化，二是学习即意义的形成，三是学习即生存的感悟（洞察），四是学习即智慧的对话，五是学习即文化性实践。

基于对学习的理解，可以认为课堂教学不是"教师的独白"，而应当是"智慧的对话"。再把目光聚焦在课堂上，课堂教学的三个维度：一是学生同教材与客体的对话，形成认知性（文化性）实践；二是学生同他人的对话，形成人际性（社会性）实践；三是学生同自己的对话，形成存在性（论理性）实践。这三种维度的对话性实践是相互关联的。佐藤学教授认为：课堂教学的实践可以理解为由三个范畴构成的复杂的活动。第一范畴（认知过程），构成教与学这一文化实践中心的认识形成与发展的活动；第二范畴（社会过程），构筑介于教与学的认识活动之间并促进其人际关系的活动，形成人际关系的社会实践；第三范畴（内省过程），是该活动主体——教师与学生的自身关系中构成的活动范畴。

学习者是否具有有意义的心理倾向，决定了他是否在进行有意义的学习，不具有有意义学习的心理倾向的学习者，往往不会在存在潜在逻辑的知识和材料中发现这些关系，会选择直接忽视，直接按照以往死记硬背的模式来记忆和理解，这就要求学生必须积极主动地发现这种潜在的新旧知识之间的相互联系。这也就要求教师在利用Prezi辅助教学时，利用Prezi制作的课件的内容首先要满足这三个范畴。

（三）知识理论

国际心理学知识习得的三个里程碑：行为主义——知识是行为的单位，作为系统化刺激反应连接的集合，即基于经验而形成的刺激反应的连接。课程本质就是使这些连接得到强化、调节。认知主义——掌握理解概念、掌握推理与解决问题的能力，并构成信息的意义网络结构（图式）的过程。建构主义——知识是每一个人在同周围世界的交往中加以把握的。基于对知识的认识，我们的课程设计要考虑强调知识的经验基础、建构过程、协同本质。建构主义学习理论由瑞士教育心理学家皮亚杰首度提出，后在维果斯基、布鲁纳等人的推动和完善下逐渐形成了较为完整的体系。

新一轮国家课程改革提出了基于核心素养的课程标准。课程标准作为一种优先顺序的框架，可从四个维度加以思考。知识维度：传统和现代的交融——元概念与概念，过程、方法、工具，领域、课题、话题，跨学科知识的价值侧面——实用价值、认知价值、情绪价值。技能维度：4C——批判性思维（Critical thinking）、沟通（Communication）、协同（Collaboration）、创造性（Creativity）。人格的维度：德性与价值观。元认知维度：学习目标、方略与成果的反思。

在这四个维度下，我们进行课程设计，要充分以单元设计为重。如计划型课程——“目标——达成——评价”，以三个层次来达到设计目的；项目型课程——“主题——探究——表达”，着力于组织“探究”（Explore）、“表现”（Express）、“交流”（Exchange）的活动，用3E活动构成课程。这些设计小结起来也就是建构主义的学习设计的六个要素：情景、协同、架桥、任务、展示、分享。

杜威说：“如果我们沿用过去的方法教育今天的学生，那么我们就是在剥夺他们的未来。”建构主义学习理论认为，教学要围绕吸引学生和提高学生学习兴趣而开展，要尊重和重视每一个学生。教学要以学生为主体，教师为主导，转变过去教师是权威知识的象征的固有思维，将教师由知识的传授者，转化为陪伴学生成长的伙伴和合伙人。应用Prezi软件进行辅助教学也就是希望教师和学生成为学习共同体。

四、Prezi教学实践的应用特点

Prezi是一种提高学生学习能力的技术，一种在线演示工具。来自美国缅因州的八年级科学老师Katherine Murphy在天文学和海洋学选修课上，让学生们在最终项目中进行井字棋选择，包括使用在线演示工具Prezi。学生们看了老师的Prezi演示文稿和其他班级的例子，看完关于该技术的教程后，讨论为什么在某些演示中Prezi可能比PowerPoint更好。他们研究后得出结论：Prezi能够建立更多的连接，一次显示整个图片，并使用Prezi中的多媒体功能（直接将YouTube视频或网站链接加载到演示文稿中）。Prezi接口允许主持人放大和缩小，它比线性幻灯片的格式更具有视觉吸引力。

Prezi是一个基于Adobe Flash的在线演示程序。它不同于传统的演示程序，如微软的PowerPoint和苹果的keynote。相反，Prezi存在于一个大画布上。这个展示工具需要主持人通过在画布上导航，放大和输出不同的点来达到演示效果。

Prezi在教室中是有潜力被扩大使用的。对于任何新技术，在大部分人采用之前，总有一些人愿意尝试。Gary Moore在NACTA（北美农业学院和教师协会）论坛上谈到了有勇气尝试新事物。演讲的作者都使用了Prezi作为一个指导工具并给那些感兴趣的人提供建议与指导，让他们鼓起勇气尝试Prezi。她首先讨论了使用Prezi的优缺点，然后提出相关的指导意见。

优点：首先，Prezi允许演示者进行线性和非线性的演示，符合师生的思考模式，能够更好地表现教学内容的逻辑结构。设计师可以选择创建一个线性路径，或者可以点击某个演示中的事物来进行非线性演示。通过改变物体的大小和位置，设计师可以直观地说明概念之间的关系，以帮助学生理解作品整体。Prezi可缩放、无限延展的特性更符合人们自由科学的思维模式。其次，Prezi同时还为学生提供线上线下协作的功能。最多可以由八位操作者同时编辑Prezi。在那些人数较多的班级里，就可以进行小组分工了。这使得运用不同的学习方式构建和展示学生的知识成为可能。Prezi可以通过免费的在线格式向学生和老师开放。学生可以在课中、课后通过在线链接查看Prezi。第三，在PPT教学普及但了无生气的现状下，Prezi的出现吸引了学生对课程的注意力，但受益者不仅有学生本身。在推行信息技术辅助教学的过程中，我们不难发现，不少教师对信息技术的掌握还停留在办公软件的应用上。Prezi的出现激发了教师的好奇心和学习兴趣，为了呈现更好的演示文稿，他们愿意花时间、花精力去学习，制作一份自己满意的作品。

缺点：对于Prezi有许多负面的观点，包括Prezi的程序起源、缺乏计划，以及不同于传统幻灯片的使用习惯等。例如，第一，过度使用变焦功能会使观众产生不适感。Prezi还有另一个可能存在的缺点，即使用者可能会认为它本质上仍是PowerPoint，没有应用其添加的任何设计红利，这可能导致最后的展示效果类似于一个过度使用动画的幻灯片。第二，文本偏多的展示不适合用Prezi来制作。当你打印出用Prezi制作的幻灯片的PDF时，由于其非线性的特性，对于学生来说，大多数Prezi演示文稿的打印稿都不算是一个好的讲义或笔记。此外，因为Prezi还在研发中，使用者偶尔会遇到一些小故障。

五、关于Prezi的使用建议

任何一款演示文稿的制作工具都不是万能的，而一份演示文稿的成功除了建立在熟练操作软件的基础之上，还依赖使用者对软件的正确认知和合理运用。而现实应用中，不少使用者对Prezi的功能太过依赖，认识存在一些误区，制作出的演示文稿反而没有达到预期的效果。

使用建议：一是要富有创造性。Prezi取消了许多对其的限制，这些限制是传统的演示程序所必然包含的。如何体现观点和展示视觉元素组件在很大程度上由演示者本人决定。因此，有必要了解信息是如何显示的，并优化学习内容，要习惯跳出思维定式去思考。

二是要习惯定制化。虽然有预置可用，但还是要有定制的展示。对大多数人来说，定制意味着拥有改变不同元素的颜色、改变字体，以及加入logo的能力。对于那些有网络编程知识的人，Prezi为他们提供了写代码的空间，使得幻灯片可以得到进一步定制的展示。

三是要诠释好幻灯片之间的联系性。Prezi是通过改变定位和大小达到演示效果的，每张幻灯片之间的关系比它们在传统的幻灯片中更容易显示。因为非线性关系比线性关系更常见，Prezi相比其他程序在这点上具有优势。

四是要准确运用移动性。能自由移动画布是Prezi的强项，也是它的弱点。虽然这种方法可以提高兴趣并促进学习，但它也可能因被过度使用而变得无效。使用者要始终考虑到如何才能最好地为素材提供便利。Prezi的旋转功能经常让用户爱不释手，华丽的镜头旋转往往被认为是抓住观众眼球的主要手段，但一些刚刚接触Prezi的教师在制作课件时常常因为过多的缩放、旋转镜头让学生晕眩至极且感到不知所云。实际上，Prezi的旋转通常出于排版需要而非效果需要。旋转往往会被应用在一些图形或字母在角度变化并增加细节后呈现出巧妙效果时，应用在一些预设的思维导图路径要求Prezi不得不进行角度切换时，以及在逻辑上需要时。

五是要提高学生的参与性。学生有能力成为Prezi演示的合作者。这个过程可以使学生更积极地构建知识。另一个让学生参与的方法是允许他们自己浏览Prezi演示文稿。因为这样，学生可以通过Prezi查看最符合他们需求的信息，找到最适合的学习方式。

六是要避免过度文字化。Prezi是视觉媒体。虽然文本可以被显示，但对那些冗长文本的演示来说，Prezi不是最有利的软件。

七是要合理应用。Prezi不应该仅仅因为它的新奇而被使用。虽然这在最初将增加学生的兴趣，但新鲜感会逐渐消失。Prezi有其特定的能力，教师通过设计在头脑中使用这些能力，可以更好地让学生参与课堂。

我们必须记住，在规划时不要从这些“很酷”的技术开始。相反，为了专注于学习目标，我们必须从学习目标开始，然后向后推进。Harris and Hofer（2009）给出了正确的规划顺序：1.选择学习目标。2.就学习的本质做出实用的教学决定。3.选择适当的活动类型来按顺序组合。4.选择形成性和总结性评价策略来检查学习效果。5.选择能帮助学生更好学习的工具和资源。正如你所看到的，决定使用哪些活动和技术应该在计划的最后，如是否运用Prezi取决于教师。我们要同时注意到它的丰富性和局限性。相信它在教育中有一席之地，但它不会成为主导的呈现媒介。

参考文献：

[1]中华人民共和国教育部.基础教育课程改革纲要(试行)[J].人民教育,2001(9):6-8.

[2]中共中央国务院印发.国家中长期教育改革和发展规划纲要(2010—2020年)[J].人民教育,2010(17):2-15.

[3]徐亚杰.基于Prezi演示的教学尝试研究[J].时代教育,2017(09):158-159+170.

[4]尤娴.Prezi在高中地理教学中的应用研究(硕士学位论文,哈尔滨师范大学).https://kns.cnki.net/KCMS/detail/detail.aspx? dbname=CMFD201801&filename=1018012305.nh

[5]宋雪.基于Prezi技术的艺术高中地理教学中思维导图的应用研究.中学地理教学参考(06),64-66.doi:CNKI:SUN:ZDCK.0.2019.

[6]Teaching Tips/Notes.NACTA Journal,55(4),105-110.Retrieved May 4,2021,from http://www.jstor.org/stable/nactajournal.55.4.105

[7]Murphy,K.GUEST EDITORIAL:Technologytechniques:Using them the right way.Science Scope,36(5),6-7.Retrieved May 4,2021,from http://www.jstor.org/stable/43184261,2013.

[8]曼塞萨·马诺普(MMantsetsa Marope).21世纪课程的中概念化与定位:全球性的范式转变,[J]比较教育研

究,2019,11:1-12.

[9] 钟启泉.课程的逻辑,[M] 华东师范大学出版社,2019.

[10] 佐藤学.学校的挑战——创建学习共同体[M].钟启泉译.上海:华东师范大学出版社,2010.

[11] Petro,N.HATE TAKING NOTES? TRY MIND MAPPING.GPSolo,27(4),20-23.Retrieved May 5,2021,from http://www.jstor.org/stable/23630192,2010.

从无中生有到边界突破

——当下学生发展观的浅析

一、时代分析

说起“时代”这个词，好像人人都知道如何表达，但真要说清楚，好像还真不那么容易。好在这个春节疫情控制得不错，所以总算有机会来到影院看上几部春节档的影片，看完之后大呼过瘾。将电影结合想写的这篇文章，用来描述这个时代，倒是挺贴切、挺有意思的。

（一）《你好，李焕英》——“大搞特搞”

影片表述的情感、叙事手法、喜剧效果等我们暂且不论，在描述那场排球比赛的时候，主任说了“大搞特搞”这个词，女工们形容主任的特点也用了这个词，这个词很有时代烙印。在那个场景下，在改革开放之初，我们还是希望听到这个词的。通过这个词我们可以看到很多新鲜的东西，这也在一定程度让我们看到了创新、改革，这也是过去40年的主题，就如何凡教授在《变量3》中用的词——“宏大叙事”一样。20世纪80年代讲改革，90年代讲开放。可是，不知道从什么时候开始，我们对这样的“大搞特搞”没有感觉了，如果各位校长、老总再用这样的“宏大叙事”的方式和你的“80后”“ 90后”员工讲述故事，可能很多年轻人会觉得十分奇怪，因为他们是伴随中国创新成长的一代，现在改革越来越难，开放面临的挑战也越来越大。“大搞特搞”在今天吸引不了太多人的注意力。

（二）《心灵奇旅》——“我将珍惜活着的每一分钟”

这是一部蕴含深刻哲理的动画电影，22这个找不到人生目标的灵魂，是真正带领观众去认识生命中那些美好瞬间即永恒的人。22所代表着的，或许就是我们中的大多数人，他们的人生并没有明确的目标，也没有太大的梦想和抱负，对成功没有过多的欲望，只想每天舒适地甚至得过且过地活着。尤其是现在的朋友圈时代，每个人都可以成为核心，因为大数据的计算可以定向投喂，你看过一则广告，则相应的产品不断向你投送；你关注过一个视频，则同类的作品反复为你推荐。我们很容易觉得自己什么都知道，但其实是在一个信息茧房里，就像影片中的22一样，有过那么多著名的导师，应该什么都懂，却负罪式地认为自己是失败者。影片最后为火花赋予的真正的定义，也等于告诉大家生命存在的价值——或许和梦想、成功、天赋等是不挂钩的，从而升华了影片对珍视生命真谛的意义。片尾那句台词——“我将珍惜活着的每一分钟”让我印象深刻，我们要知道自己已经身处“圈层社会”，就如我们国际教育校长圈，在我们讨论一个教育问题的同时，另外一个教育圈子里讨论的问题有可能是我们完全不了解的，而这个“圈层”已然形成并日渐成熟，我们必须不断走出舒适圈，活在当下，活出自己。

（三）《新神榜：哪吒重生》——“我是谁，做给你看”

《新神榜：哪吒重生》这部动画片是现代年轻人改编的，“脑洞”属实挺大，在视觉风格上非常不一般。“东海市”的美术设计大胆创新，以20世纪二三十年代老上海为基础，低矮错落的弄堂，四处奔走的卖报童，挑扁担的生意人，还有黄包车等，通过工业元素突出平民区的朋克感；以同时期曼哈顿为基础，融合赛博朋克与Art Deco元素的富人区；利用工业朋克风的工业区；等等。各区域气质各异，汇聚成影片独树一帜的东方朋克视觉风格。电影在氛围上迎合了很多年轻观众，杂糅了中式民国风和赛博朋克、蒸汽朋克、废土等多种美术元素，而且机车、战甲、义体在片中随处可见。另外，影片制作精美，孙悟空那张面具的精细程度就已让人不得不服，哪吒元神觉醒的时候更是帅“炸”了，画面极其震撼，铺满整个大银幕的三头六臂的哪吒，脱胎于很多“70后”“80后”印象中的哪吒卡通人物形象，包括龙王三太子、孙悟空的元神觉醒都是我们这一代“70后”熟知的卡通印象，有创新又有怀旧感。《新神榜：哪吒重生》也试图体现当下年轻人所面临的困惑：“我是谁？”现在的年轻人不希望被定义，但又常迷茫。像《哪吒之魔童降世》一样，《新神榜：哪吒重生》也有一个提纲挈领般的口号：“我是谁，做给你看。”我看完之后的第一感觉就是年轻一代正在崛起。他们已经从我们这代人的“贫穷动力”转换到了“嗨动力”，未来的剧本将由年轻一代撰写。

总之，各个时代的显著特征影响着学生发展的各种可能。三部电影似乎横跨了三个时代，要谈学生发展不能不谈时代背景。

二、无中生有

21世纪，各国各地区认为应培养的学生能力都指向批判性思维和解决问题、交流、合作以及创造的能力。学生发展的第一要素就是让学生学会创造，而创造的过程本身也是一个“无中生有”的过程。

（一）可塑性是学生发展的第一要素

赫尔巴特有一个重要论断：教育学的基本概念就是学生的可塑性。可塑性是未被规定的，由人的天性决定，人是可臻完善的。卢梭认为，人的“可臻完善性”是人区别于动物的一个毋庸置疑的特质，可以理解为一种“形成能力的能力”。这是一个非常强大的能力。你有没有发现，在智能手机出现之前，学校对于手机是不关心的，为什么呀？因为它对学校管理构成不了威胁啊。可是人的可臻完善性，不断推进了智能化，学生逐渐形成了基本运用的能力，当学校要应对这些具备能力的学生时，你的难度就来啦！记住，你的学生形成一种能力，我们的未来就多一种可能，这是由人的天性决定的，它会不断完善，形成新的能力，这样的学生在未来才不会被淘汰。别担心今天的学生给你找麻烦，你要感谢他，他让你也形成新的能力，同时，这样的学生可塑性也强。

（二）好奇心是学生发展的天然动力

学生的好奇心特别明显，这样的好奇心也是学生想学习的天然动力。可是，大家都知道，随着年龄的增长，好奇心会一点一点地消退，最大的难度在于一直让学生保持好奇心，这可不容易！与其强调学习兴趣，不如强调学习意志。不必过分夸大兴趣的力量，永远不要低估意志、勤奋、习惯的力量。实际上，不少兴趣难以持久，很多坚持常有奇效。连打游戏孩子都会觉得厌倦，可以想象好奇心的保持是多么不易。这和我们的教育取向有关系，过去我们是只要教得好，就能学得好；只要学得好，就能考得好。学生有兴趣还有时间去琢磨，老师有时间还能激发学生去琢磨，这就形成良性的好奇心保护机制了。如果正式课堂结束了就进课外学堂，反反复复地训练，提升的是单位效率，失去的是好奇心。

（三）共情力是学生发展的保障疫苗

2020年的一场疫情让我们认识到在人类发展进程中，一定需要疫苗。学生发展道路上一定会有这样或者那样的难点和关卡，要过去，同样需要疫苗，这个疫苗就是我们的共情力。“00后”是物质丰富、过度教育、过度应试的一代，他们今天努力地应试，但很可能未来被机器取代。他们中的许多人今天存在诸多的心理问题，但这些问题的根源在环境。共情力教育启发我们要有责任感和敬畏感，而责任来自我们对事件发生过程的潜在掌控能力。当习得的知识可以改变结果的时候，无知就成了罪过。作为教育者，你扪心自问，你了解你的学生的个性特征吗？作为父母，你扪心自问，你了解你的孩子的心理状态吗？教育者和父母所拥有的知识不是应该帮助孩子们吗？结果怎么样啊？我们的知识能改变结果吗？还是证明我们无知？我们是不是应该同样心存敬畏，敬畏“现在”这样的一个熟悉的感觉；现在包含了全部的存在，向前——一切的过去，抑或向后——一切的未来，直到永远。有了现在就有了共情的基础，有了现在你才知道现在和你求学时的不同，有了现在你才知道未来是需要你和孩子们共同面对的，教育上不要怕失去太多，不要想争取更多，想想“李焕英”的话——健康快乐就好。

三、边界突破

学生发展的终极目标是在现有的程度上创新，创新就一定要突破边界。

（一）寻找边界。一个学校的发展过程似乎就是一个寻找边界的过程。这个过程，让你知道了人类知识海洋的浩瀚博大。当你在这个海洋里航行的时候，你必须找到自己的航向，也就是你的专业，这个寻找的过程，是在家庭、学校、社会三者的互动中完成的。在三者间玩得非常好的，那么他一定很容易找到自己的航向，在大学专业选择方面非常顺利；如果不行，那么他将比较痛苦。其实，这个航向寻找过程就是学生发展过程，教育者在其中的角色是罗盘，是配角，是帮扶者，学生才是舵手，是主角，是航行者。

（二）摸准边界。在大海航行后准备靠岸时，你得知道这个岸上大概有什么，才敢正式上岸。这也是对我们教育者的挑战，有的教师说我只管好学生在校的这几年，有的甚至说出了校门就不管了，这就等于放弃了对岸边的了解。反之亦然，如果低学段的教育者不了解高学段的情况，那么这样的K12学校会出现以学部为政、利益窄化的现象，最终影响的是学生的发展。学生的能力越跨界，知识越跨学科，他的生存能力就越强，这样的要求要延伸到幼儿园，所以K12学校的各学部要相互了解，摸准各自的边界，在边界上多思考，这样才有可能为教育行为和效果留下空间。

（三）突破边界。想象这个圆圈代表了人类的所有知识。你小学毕业时，了解了其中一小部分；高中毕业时，了解了更多；拿到本科学位后，你有了自己的专业；硕士学位让你对自己的专业有了更深的钻研；继续阅读学术论文，你会逐渐抵达人类知识的边界；一旦抵达了边界，你便专注于此；你花几年的时间试图突破边界，终于有一天，你推动了它，这个凸出来的部分，让你获得了博士学位。当然，对你而言，这个世界看上去不一样了。但别忘了全局是长这样的。这是一组非常生动的图画，最后那张图更是“意外结局”的典范。它让人感受到自身的渺小，对于走在硕博道路上的人来说是非常必要的提醒：不要因为推动了一点边界而洋洋自得，也不要一味沉浸在自己的领域中，忘记了这个世界的辽阔和丰富。今天的一些融合课程实现了边界突破。以我们设计的运河课程为例，不仅在学科上有所突破，融合了地理、科学、经济学、语言学、电影等，而且在角色上实现了突破，学生与老师的身份边界变得模糊，让学生更加主动地学习，培养其创造能力，学生得以多方位发展。

四、浪漫、精确、综合

学生发展的三个阶段——浪漫、精确、综合，再加一个循环的过程。

阿弗烈·诺夫·怀特海认为，人的智力发展由浪漫、精确与综合三个阶段在不同时期的循环而构成了节奏性特点，这种循环不是机械旋转、线性重复的，而是螺旋式上升和阶梯式攀登的。根据这种特点，教育理应因序而教。

发展学生能力，我们要“无中生有”，实现创造力的培养，要“边界突破”，达到各学科的融合，从而最终实现极致培养目标。

我期待中国学生的发展都有《你好，李焕英》的浪漫情感，有《新神榜：哪吒重生》的综合场景。中国的未来在今天的课堂里，我们参与其中，既幸运又惶恐。愿我们有正心，存正念，谈正见，愿学生发展之路有良知，遇良师，发良心！

静坐参众妙，清谈适我情

——苏州园林文化艺术课程基地

苏州怡园有副明代董其昌的草书对联：“静坐参众妙，清谈适我情。”意思是观察自然时，只有穿透表象，静观内涵，方能顿悟真如，化入妙境，获得内美，即美学上所谓的“静照”，将学生的审美视点移至心灵世界。这种审美心理，正是物、我、神合而成一，独立自足的精神境界，也是我们创设园林文化艺术课程基地的根本所在。

中国园林艺术是古老的，是清晰可感的文化载体，它记载着时代的更迭、文化的嬗变。人的情感是园林的灵魂，园林正是“为精神创造的第二自然”。这个“第二自然”极富感染力和穿透力，她蕴藏着一种哲学思想，儒的忠孝、仁义、礼智、信廉、诚勇等道德观，道的物我双修、无为，佛的因果、虚无观。这种哲学思想是艺术美的原动力，而主体艺术想象的发挥常以对外物的静观默想为特征，需要我们久久地揣摩，静静地思索、探求、感悟，认真地“读”。

一、思索

（一）机构设立

成立以校长为组长的课程基地领导小组，下设基地环境建设、课程设置研发、师资培训学习、后勤财务管理等机构。以教科处为主要管理实施部门，艺教处协助做好过程管理宣传工作，财务、后勤做好资金预算分配和基地施工建设，宣传部门负责苏州园林文化和弘扬民族精神的主题宣传活动。

二、探求

（一）探求环境建设

充分利用本校古建资源，通过校园景观改造，创设具有鲜明苏州园林文化主题的场域环境，例如园林文化景观建设。校内现存的许乃钊故居属市级控保建筑，是典型的园林民宅。随着四百多年历史的演变，宅子历经风雨，几易其主，残留厅、堂、楼、阁等建筑主体框架，虽经六中历任领导团队抢救性修复，还是缺少很多体现人文的匾额、楹联、书画、抱对和亭廊花园等更显园林美学特色的元素。为此，在古建东北角的一小片空地上，设计了方亭碑廊的景观，在整个古建东立面的各个门窗位置，设计了半亭、花窗等园林建设元素，还相应地配齐了匾额、楹联，使校园更具苏州园林的文化艺术氛围。

下一步还将在回廊的墙壁上嵌入碑刻，提升故居的文化内涵。

（二）展示平台建设

要建设“苏州园林文化艺术课程基地”教育成果展示平台。“课程基地”设置的课程内容丰富，形式多样。就其成果的表现形式而言，有平面类的，如绘画、摄影、设计等；有实践类的，如制作手工盆景、篆刻等；有表演类的，如昆曲、评弹等。因此建设一个具备综合功能的展示平台，有利于课程教学的推进和提高，更有利于相互交流、共同进步，也方便专家领导指导工作。为此，学校对古建可用空间进行了思考设计，设置了一个仿古小戏台，用于表演性课程的教学与展示；在恢复古典园林内部摆设的同时，运用现代化技术手段展示课程资料、教师教案、学生作品；触控一体机展示的则是进入世界遗产名录的苏州经典园林概况介绍、学校课程基地各门学科的资料性图片和视频。

我们还将用足、用好学校古建——许乃钊故居，适当调整古建内部场室的功能性结构，增建更好的园林文化景观建筑，使学生能徜徉在有园林文化的校园中，能得到艺术滋养，为学生的专业成长、多元发展以及学校的长远发展、特色发展奠基。

（三）探求课程设置

课程建设是学校教育的重要支柱之一。特色学校只有用高质量的特色课程做支撑才具生命力。校本课程开发从某种意义上讲，就是彰显学校特色、提升学校内涵的过程。为此，我校在坚持国家课程基本要求的基础上，挖掘园林文化艺术因子，找寻或相近、或延伸、或交融的，与园林文化元素相关的学科进行研讨论证，学习培训，提升教师科研探究的能力和研发学科的能力。初定课程以学生问卷的形式进行调研、调整和设置，最终以菜单选修形式供学生挑选。第一期课程设置分四大类十一门学科，其中美术类：篆刻、摄影、园林窗花图案设计、园林石、园艺；表演类：昆曲、评弹、江南丝竹；科学类：园林植物、园林劳技（模型设计）；

宣传类：校园影视编导。在前期园林课程设置的基础上，第二期新增设了茶艺、刺绣、书法、击剑、武术、园林材质、江南民歌等学科，一共十九门学科，以满足更多学生的个性需求，提供更多的信息资源，搭建更多的学生自主学习探究平台。

探求师资保障。我校拥有一支由省特级教师、市名教师、学科学术带头人组成的优质师资队伍。大多数教师在以往的园林艺术教育活动中积累了丰富的经验，一批喜欢园林、热爱艺术、富有探索创新精神的校内骨干教师成为基地第一批教师。为推动本项目的实施，我校还在加大师资培训力度的前提下，积极争取，引进园林文化艺术专门人才和高校知名教授充实、壮大现有师资队伍，确保项目顺利推进。现有园林盆景专家史佩元老师讲解园林，刺绣大师梁雪芳老师教刺绣，苏州作家苏眉讲授茶艺课，还有擅长拍摄人物、风景的摄影家祁金平老师，篆刻家宋祖惠老师，苏州昆剧院的严亚芬老师传授昆曲，教授江南丝竹的施金龙老师……

三、感悟

艺术智慧的触类旁通，吴文化中各具神韵的让人心醉的形式美，如古城的粉墙黛瓦、枕河人家，园林的水榭风亭、红荷翠叶，昆曲的虚拟写意、载歌载舞，苏绣的玲珑剔透、精美细致等，千姿百态，让人目不暇接、心旷神怡。园林基地课程教会学生善用“形式感的眼睛”来观察世界。这些课程让学生在学习的同时，接受较高的美学理念和科学的思维方式，为未来发展奠定了坚实的基础。

(一) 感悟园林

学校充分利用周边资源组织学生进行多方面艺术实践活动，如组织美术生去平江路历史老街及紧邻的拙政园、狮子林采风写生。园林的精致灵动、移步换景深深地吸引着学生，他们用眼睛观察发现美，用鼻子呼吸园林的气息，用耳朵静听园林的声音，用心灵领悟，用情感承接对表达的渴望，用思绪触摸对灵感的期待。这种被真实打动的激情所迸发出的创造活力，使学生感受到的风景随情感的涌动而产生激动人心的生命力，开启了学生的艺术想象和广阔的创造空间，以此激发学生学习的内驱力和民族自豪感，以及对家乡优秀文化的热爱。

(二) 感悟学科

学校开展以园林为主题的研究活动，既有学科课内的园林文化知识渗透，又有课外的有关园林文化主题的拓展延伸，如园林建筑、园林植物、园林窗花和园林石学科。通过组织学生收集、整理苏州园林的相关资料和图片，从造园理念、结构布局、艺术设计、植物种类布局等方面分析、研究以拙政园为代表的苏州园林的人文历史、美学特征、科学常识等；通过撰写主题报告、设计主题图案、搭建主题模型等形式，学习探究苏州园林的文化艺术，拓展学生的知识面，激发学生的学习兴趣，增进学生对人类文化遗产的了解。

(三) 感悟教学

将苏州园林文化艺术融入我校艺术教学课程的研究中，积极有效地推进艺术课程改革，突出苏州优秀的世遗文化在艺术教学中的渗透作用和拓展功能，使之成为学生多样化学习和多元发展的“立体课堂”。课堂从教室搬到了园林民宅典范的古建群，搬到了拙政园、狮子林，让学生身临其境；教学不再是老师灌输的传统模式，教师引领互动探究、动手动脑，更为轻松自然；评价方式更加民主、开放，以学生的长处为主要评价因素，从学生的合作互助、探究创新、动手实践、管理器具、遵守规则等多方面进行多元考核评价，践行“学思结合、知行统一、德育渗透、美育滋养”的课程基地理念，培养学生对园林文化艺术及吴文化的兴趣和爱好，并在实践中深刻体验领悟，激发学生的求知欲望、创新精神，提升学生艺术实践能力。

四、品读

（一）读名师

许多在园林文化艺术课程基地授课的外聘专家都是苏州该领域首屈一指的艺术家，他们不仅技艺高超，在各自的专业领域独树一帜，更难能可贵的是他们对艺术的热爱和几十年如一日的孜孜追求。他们把艺术当成生命的一部分，德艺双馨，给我们的师生树立了榜样！他们不计名利来到学校，只为做一件意义深远的好事，一件传承苏州文化、造福后代的大事。在这里，各种艺术交汇融通，艺术大师们随喜得乐，享受其中。

(二)读成长

我们的教师也在这样的研发新课过程中得到了实实在在的成长,比如李智勇老师认为基地课程给了教师很大的教学自由和创意空间,学习场域是可以选择、变化、营造的,为教师的潜能发挥提供了一种可能。在最近结束的苏州直属学校微课比赛中,李老师的“植物与苏州园林文化”获得苏州大市教育系统首届微课比赛一等奖,这也得益于苏州园林这样一个选材角度和特色创新。丁弈诚老师的《江南丝竹》课程一开始只定位在欣赏,后来在和专家、同事的研究合作下,编排成了一首完整的《江南丝竹》民乐合奏,在此过程中他自己学到了许多有关器乐和指挥的知识,登上舞台和学生一起演出的那一刹那,他体验到从来没有过的自豪感,感受到了艺术之花绽放。宓恒茹老师是苏州人,可以说是在园林的耳濡目染中长大的,她欣然接受园林石的学科探究,做了很多前期准备工作。随着教学的不断深入,她越来越觉得这比想象的要困难,很多的困惑一时无法解决,园林文化太精、太深,自己很多方面的知识太缺乏,需要专家指点,于是利用暑假买了大量的相关书籍恶补。正是她的这份热爱、探究、钻研,才使得她的教学小心翼翼、磕磕绊绊,不断颠覆自己,这正是一种更高层次的成长。马艳红老师是新苏州人,对园林有着梦幻般的欣赏情结,她的授课、她的论文,春风化雨、诗意唯美,更有传统文化的深厚积淀,学生的作品让她惊喜连连,因为播下的种子在生根发芽。海震老师的影视编导跨出了实践创新的一大步,敢于尝试,敢于挑战,而教师的成长确实需要不断改变、超越自我的勇气。

经过一个学期的摸索实践,我们的教科研成果也与基地同生共长，省级课题“中学艺术教育传承苏州园林文化艺术的实践研究”于2013年10月被江苏省教科院正式批准为江苏省教育科学“十二五”规划的重点立项课题。教师园林论文六篇，其中一篇正式发表于省级刊物；教师教案七十多篇从无到有，新鲜出炉。在此基础上我们还将精益求精，科学梳理并逐步形成园林课程基地的校本教材。

（三）读滋养

学校充分利用“苏州园林文化艺术课程基地”这个平台，建立园林导游、园林主播、茶艺园艺、昆曲评弹、江南丝竹等社团，通过表演、讲座、培训，组织观看有关园林的艺术宣传片如《苏园六记》，举办园林图片展览、创意盆景设计、评弹昆曲、江南丝竹表演等一系列艺术实践活动。通过人人互动、人境互动、人机互动等多种形式，引导学生观察思考，参与感受，动手实践，形成学生理解、体验、反思和创造的习惯。短短一个学期的基地课程，让学生对苏州园林概况有了整体了解，对所选园林学科有了更深入的见解，从一百多篇学生临场作文中我们看到孩子们这样想：花窗是“凝固的舞蹈”“凝练的诗句”；园林石不是冰冷的，是有生命的；篆刻有化天地于方寸之间的气韵；一盆没有灵魂的盆景，永远只是一棵树而已；基地课程的学习让他们认识了不少新朋友，也让他们变得更加开朗、大胆，敢在台上发表自己的想法与感受，他们感到很开心，而且这些课程是学校独一无二的，他们也为此感到骄傲。

学生阶段性成果展示以合作表演（评弹、昆曲、江南丝竹）、科技小论文（园林生物、园林作文）、个人作品（篆刻、创意盆景、摄影、园林石、园林窗花、园林建筑）等形式呈现，学生作品鲜活而灵动，学生也获得了较强的满足感和成就感，学习兴趣陡增。期末学生调查问卷表明：这种自主选修形式深受学生欢迎，教师的校本研修带动学生的自主学习，90%的学生表示对已学课程满意，愿意再次选修，85%的学生表示园林文化选修课堂和传统课堂具有不一样的授课方式和授课内容。故这些课程更能激发学生的自主、探究、合作精神。

（四）读传承

我校外围依托拙政园和狮子林两个物化的立体教育平台，内靠精致典雅的许乃钊故居和学校艺术教育特色，面向国内外学生，开展公益性的游学活动，充分发挥园林文化基地的辐射作用。我校课程基地接待公益性的游学活动近千人次，广泛宣传了苏州园林的人文之美、艺术之美，以此培养学生的艺术审美情趣、团队精神、服务意识，培养学生社会职能，让学生深深意识到学习的责任、价值和保护传承世界文化遗产的社会意义。学生通过各种途径，采取各种表现手段，致力于探索苏州园林的文化之美，展示苏州园林的艺术之美，这对提升师生的美学修养以及培养学生热爱探究世遗文化、实践创新民族文化艺术、传承民族文化和弘扬民族精神具有重要意义。我们希望以此找到生活的亮点、艺术的美点、人生的立点，为学生未来在兴趣、品位、职业和事业上的一体化奠定基础。

五、丹青难写是精神，物含妙理总堪寻

通过一学期的苏州园林文化艺术课程探索实践，我们收获了预期的成果和意外的惊喜。学生的能力超乎我们想象，对园林文化艺术，他们有独到的见解。软糯婉转的评弹、优雅含蓄的昆曲、珠玉叮咚的江南丝竹、千姿百态的盆景、方寸天地的篆刻、小巧雅致的庭院建筑、别致精美的园林花窗、形态各异的园林竹石等给了学生很大的探究空间和可能，而它背后蕴含的科学技术、人文精神更是师生很好的文艺滋养。学生在基地学思结合、手脑并用，评价机制的多元和激励使学生很轻松、很愉快。

随着探索实践的不断深入，我们发现了这一过程中急需解决的一系列问题：

（一）资金保障不能及时跟上，基地建设滞缓。省、市二级财政在课程基地投入的资金是准时到位的，但在使用过程中不能得到上级有关部门及时批复，基地建设的进程缓慢。

（二）基地课程设置方案有待完善。国家课程和校本课程如何协调、如何相辅相成，处于初级摸索阶段的课程建设目标定位不够清晰准确。

（三）研究苏州园林的书籍很有限，专家资源有待学校更积极、更主动地挖掘，师资培训亟待加强，教学理念未及时更新。

（四）现有的课程满足不了学生更多元的兴趣需求。有的学科人数太多，有近四十人，又不是自己最感兴趣的（部分是第二志愿），学生的学习会有所松懈。

针对以上突出问题，我们重新梳理、探讨调研，结合学生实际

制定了下一步的规划：

（一）聘请专家导师，建立基地专家库，形成更为科学、艺术的顶层设计。完善课程基地方案，使基地课程成为国家课程校本化的有机补充。德育美育互相渗透，让学生有更多自主学习探究的时间，探索发现学科之美、艺术之美、传承之美。

（二）基地建设资金还存在很大缺口，我们将提前做好基地建设的计划预案，积极向上级有关部门申请，及时落实资金到位情况。学校也会在自筹资金方面加大力度，攻坚克难，为学生营造更多恰如其分的主题学习场域，比如园艺花园暖房、摄录影棚、校园电台主播室、园林景观等功能区域，构建人人互动、人境互动、人机互动的学思结合、手脑并用的平台，更好地为学生发展服务。

（三）加强教师的培训力度。为教师提供足够的学习培训时间和学习机会，保证优质师资，保证必要的选修课时，正因为研究园林的资源不足，研究学习才有很大的空间和可能。接下来还将加大宣传力度，成立教师发展中心，让更多的教研组课题和研究在基地产生，真正起到基地的研究引领示范作用。

（四）现有的课程满足不了学生兴趣需求多元化的现状，第二期的园林课程增加到了十九门学科，班级人数基本在二十人左右，以学生的兴趣为出发点，允许学生定期（一学期）走班学习，既相对稳定，能让学生不随意放弃，又可适时调整学习方向，让学生了解更多的学科特质，发现更多不同的学科之美。

（五）科学技术、数字化环境与课程的有机整合是提高课程开发水平的重要路径。我们将组织各类资源，积极探索、寻找路径，争取早日有所突破。

园林之美像最高贵的美食，它并非一下子把人吸引住，也不做暴烈的、醉人的进攻。相反，它是那种渐渐渗透的美，几乎在不知不觉中把我们带走，一度在梦中与我们重逢。可是，在它悄悄久留在我们心里之后，它就完全占有了我们，这种美好完全占据了学生的心灵。我们“大爱尚美”的教育岂不是美上加美？我们的“学有优教”品牌岂不是更有品位？

艺术，徜徉在悠然从容的园林文化课程之中。在自然和文化的陶冶中颐养性情、享受教育，我们的师生真能“居之者忘老，寓之者忘归，游之者忘倦”。

2014年11月

大爱尚美办学理念下的课堂和课程

美，即真理和道德；尚，尊崇之意；尚美，即追求崇敬美感；爱尚美，即用爱追求崇敬美感。大道有爱，教育有爱。“大爱尚美”已成为六中师生之追求、六中精神之所依、六中发展之定向。课程是指学校学生所应学习的学科总和及其进程与安排，课堂是学校育人的主渠道。“大爱尚美”于师生即以六中教师、学生的发展为本，打造六中独特的课堂与课程。

一、表达本位、思想至上的教学发展观

学习是为了培养学生的深度批判力和缜密评论力，学科的学习是为了培养学生的批判性思维、开放性立论和逻辑性创新。教师的“表达”与学生的“接受”是相辅相成的。对教师而言，最重要的就是课堂教学，特别是课堂教学的有效性。何为课堂？老师根据教材备课，学生积极准备，同组老师认真评课，在这个基础上，备课组认真磨课，集教研组的力量推一节好课，大家一起学习，这是教学，就像我校教务处组织的“我的课堂我设计”优质课评比活动。何为有效？在一个班级里，有些同学100多分，有些同学只有10多分，要进行分层教学、走班教学，让每一位学生享受到适合自

己的教学，即适性教学。学校就是要搭建各种平台，把兢兢业业、认真做事的老师捧起来，让他们体会到自己的价值，让教学改革形成制度，提高每一位教师的积极性。

二、尊重个性、鼓励特色的多位评价观

教学也就是教师用科学理性、真诚激励、艺术精神、精湛语言深度唤醒学生，发挥学生的特长、自觉意识和发展能力，从而使学生在学习上自享、在发展上自豪、在评价上自励，让学生成人、成才、成己。

积极探索灵活性、多样性、人文性的课程设置。我校园林文化艺术课程基地开设课程由原来十一门增加到十九门，增加了茶道、刺绣、书法、园林楹联、园林材质、武术、江南民歌、园林导游，这鼓励更多的老师参与到校本课程的开发中。在教学过程中改变过去单纯依靠教材和黑板的传统教学模式，形成学生选课、走班，将书本知识与各种社会知识相结合、教师传授与学生自我探索相结合的现代教学观念和模式，促进师生共同成长。

尊重学生个性发展，改变唯学生分数是论的教学评价。教学是学校的生命，如果教师只看了分数，他可能就看不到学生分数背后的东西，失去的将是整个学生；如果教师看到是每一位学生，以学生的长久发展作为我们教育的初衷，得到的将不仅是分数。如我这个学期在高一(2)班上英语早读课。我也在想，读什么呢？经过思考，我给学生们讲谚语，听国外领导人的原版演讲。如我给他们听英国首相卡梅伦的就职演说，一方面可以提高学生的听力，另

一方面可以通过这些话语去激励学生进步。我也在想，我讲的这些学生会用到吗？在这次期中考试结束后，我问班级的同学，有一位同学说他在作文中用到了一句话，我感到很高兴。如果我们所讲的东西影响到了一位同学，这也是一种成功。

三、唯当胸中无成见，而后眼里有人才

文化是民族的脊梁。教育的问题归根到底是教师的问题，而教师就是要做研究性、反思性的教师。陶行知先生曾经作过一首诗："人人都说小孩小，谁知人小心不小。您若小看小孩子，便比小孩还要小。"教师要研究教材、研究学生，要心里装着学生，要写解决课堂实际问题的文章。教科研是老师发展必不可少的一块。

学校要发展，校长要什么不重要，重要的是教师要什么，学生要什么。教师要的是适性发展，学生要的是适性教育，这就需要适性的课堂和课程。学校就应该是充满爱意的地方，师生之爱、同门之爱、学科之爱、艺术之爱、教育之爱，如涓涓小溪，汇成大爱之河。

2015年1月5日

课程设计的内核思考

课程（Curriculum）的概念很少用于中等以上的教育，在高等教育阶段常用的概念是学习项目和科目。目前的课程概念化与普通教育（K-12）及中小学密切相关。课程概念源于拉丁语“Curere”，意思是“赛跑的跑道”或“要遵循的路线”。从词源来看，课程被视为“一个学习安排”“一个学习的计划”，或是“学校为实现教育目标而计划和指导所有学生进行的学习”。其结构通常概括为目的或目标、内容或主题、方法或过程以及评估或测试四个维度。经过多轮研讨之后，确定将课程设计与研究紧紧围绕核心素养这个概念。

20世纪70年代以来，课程研究发生了“范式转换”（Paradigm shift），开始反思以“泰勒原理”为代表的传统课程开发范式的局限。传统课堂开发范式肢解了课程与学习者学习的整体性，使学习者的课程经验支离破碎，它无视知识产生的过程以及知识与社会的关系，缺乏教师的主体性。我们得清楚，课程不是既定的学习材料，也不是“僵死”的教科书，而是活生生的经验与体验。后现代课程论者威廉·多尔就致力于超越学习材料的教条，走向学生的经验与体验，实现课程的“丰富性（Rich）、回归性（Recursive）、关联性

(Relational)、严密性(Rigorous)”。中国新一轮课程改革《基础教育课程改革纲要》也做出了规定:“改变课程内容‘繁、难、偏、旧’和过于注重书本知识的现状,加强课程内容与学生生活以及现代化社会科技发展的联系,关注学生的学习兴趣和经验,精选终身学习必备的基础知识和技能。”该规定强调了综合性,加强了选择性,并确保了均衡性。同时,也将改革评价方式,主张在价值观上尊重个别差异,秉承多元主义的价值取向。方式上试图采用“档案袋评定”(Portfolio assessment)、“苏格拉底式研讨评定”(Socratic seminars)、“表现展示评定”(Performance exhibitions)等质性评定方式以弥补传统学业成就测验的不足;在内容上,注重描述学生的个性化反应,以提升评价的个人发展价值。

近些年来,不管是公办还是民办学校都会在介绍学校的时候说上几个自己学校的特色课程,讲自己如何在课程设计上花功夫。诚然,中国学校从20世纪80年代末90年代初开始,就加快了课程改革的步伐。从1999年开始,正式提出要建立新的基础课程教育体系,试行国家课程、地方课程和学校课程的三级管理开发体制。在近20年的改革探索中,已经汇聚很多智慧,形成了重要共识,我认为这样的讨论可能继续下去,但只会限于深入核心素养范畴,其外延性不会很大,毕竟关于课程的理论和实践并没有突破性或是革命性的创新。那么下一个热点会是什么呢?

当课程的设计优势不再明显的时候,就会转移到执行和效果比照了,那么“执行优势如何体现以及效果如何优化”将成为下一个关键点。

一、学校文化将是隐形课程

学校文化的再生是课程改革的直接诉求和终极目标。学校是“学习型组织”，在课程综合化理念的引导下，教师的实践性思维方式不仅是教学后的反思性思考，而且是能够活跃地开展教学过程的即兴式思考；能够积极地、感性地、深思熟虑地介入教学情境，从多元的视点研究教学的复杂性，并且在发现教学现象的复杂关系的过程中不断地建构教学所固有的问题框架。

从课程论的角度，杰克逊论述了学校文化的作用，非学术性经验构成了“隐形课程”（Hidden curriculum），学校的校风和个性更强烈地体现在隐形课程之中。学校环境文化不是作为显性的课程资源，更多的是作为隐形课程发挥着作用，对学生的影响是潜移默化且长久而深远的。

本文以苏州工业园区海归人才子女学校为案例，通过学校的“善喻文化”实践来论证学校文化的课程效应。

（一）道而弗牵则和

2019年4月的一周，对于海归学校的十年级学生来说，可能是毕生难忘的。他们从苏州丰乐桥上船，进入水上“移动课堂”，开始为期6天的寻找运河的文明之旅。

这一活动得到了园区教育局、苏州市交通运输局、苏州市航道管理处的大力支持，并获得了中宣部“学习强国”学习平台和“看苏州”“引力播”“今日头条”等媒体的广泛关注。本着“根深中华，创新国际”的使命，海归学校希望通过“运河上的教室”，以实地考察实践的方式，让学生深入了解京杭大运河的人文历史，领略大运河的独特魅力，在学生的心中种下“保护好、传承好、利用好”大运河文化遗产的种子。

每个学生在出发前已经选好了自己的独立研究项目，他们将围绕运河旅游业、沿岸土地使用、运河船舶的发展变迁、沿线饮食风俗、城乡民居比较等方面展开独立调研，范围涉及经济学、科学、语言学、电影、地理、艺术等各领域。

而随行的地理、英语、语文、电影老师也在这6天时间里和同学们共同生活，为学生提供专业的学术指导，同时还亲自担任学生们的生活导师，教孩子们准备食物，照顾自己的饮食起居，以适应未来的大学生活。

与此同时，六年级的孩子深入苗寨，七年级的孩子登泰山、游孔林，他们饱览祖国壮丽的山水，追寻中华文脉的起点，感受不同民族文化的魅力。这一周，在海归学校被称为“无边界学习周”（Week without wall），定在每年4月，春光旖旎，春日融融，师生同行，其乐也融融，颇有2000多年前孔子游春的遗风。

《礼记》中说“道而弗牵则和”，意思是善于教育的老师懂得引导学生而不是牵着他们的鼻子走，这样师生关系才会和谐融洽，在海归学校，这种教师的“道”就包含在精心设计的每一个活动中。师生共同参与，教师伺机引导，在多语言学习和跨文化理解的背景下，书院精神焕发出新的活力，传统与现代在海归学校找到了新的契合点。

（二）强而弗抑则易

国际教育界倡导的教育发展的基本准则——“国际视野”与“本土行动”，这两者不是二元对立的，而是相辅相成的，不汲取先人的成就，或缺乏国际视野，教育者的理论和行动都难以有高度。而且，我们在思考教育问题的时候，需要兼顾两个维度——“现实维度”与“未来维度”，这两个维度也不是二元对立的。

我们知道学科起源于古希腊的七艺（文法、辩证法、修辞、算术、音乐、几何、天文），我国的六艺（礼、乐、射、御、书、数）则可以视为我国最早的学科划分典范。

在海归学校，“六艺”也正在焕发着鲜活的生命力。在“根深中华，创新国际”的教育理念引领下，学校依据现代教育理念与培养目标，将“六艺”按照IB的学习方法（Approaches to Learning）做了崭新的诠释，由此建立起了自己的CCA（Co-Curricular Activities，课程辅助活动）延伸课程框架。

在这个框架下，“礼”指的是一种社交技能，包括合作能力、领导能力、共情能力、解决冲突的能力、达成妥协的能力、正义感和责任心等。“乐”指的是沟通交流技能，包括跨文化、多媒体地理解、交换思想、知识和信息等。“射”是指运动技能，包括时间管理能力、多任务协调、反思能力、自我激励和从挫折中恢复的能力等。“御”演化成自我管理技能，健康的生活方式、专心和毅力、安全意识和勇于行动、挑战等。“书”则是研究能力，包括收集、诠释、判断和创造信息的能力，与多媒体互动、从多种不同来源获取观点从而做出明智选择的能力等。“数”是一种思考技能，包括批判性思考和创造性思考的能力，以及将知识和技能迁移到各种情境中的能力。

今年，海归学校的CCA课程在前两年的基础上，进一步升级迭代，每周超过340节课，平均每天提供80多种课程（每周开课4天）。学校还应家长要求甄选了实力过硬的校外资源，其中包括施远梅老师的昆曲、梁雪芳老师的苏绣等，这些大师的加盟，让学生们可以不出校门就领略传统艺术的精髓。

除此以外，学校还鼓励学生自己组建社团，第一批已经组建的社团有18个，学生们将在指导老师的支持下，积极开展丰富多彩的科技文化艺术活动和各项公益事业。

真正的教育，是鼓励学生探索而不是压制他们的想法，这样学习才会自然发生，正所谓“强而弗抑则易”，丰富的延伸课程和学生社团，正是学生发现自我、施展才华的最好空间。

（三）开而弗达则思

课程发展的回归现象是“科学世界”向“生活世界”的回归。体验学习不同于学科中心的教学和仅仅局限于学习者头脑之中的信息处理，它必须是学校教育中创造的体验——“文化生活体验”，它包括：直接体验与间接体验，个体体验、小集体体验和大集体体验，水平体验和垂直体验，被动体验和能动体验。课程的构成要素包括课程目标、课程内容、课程实施、课程评价。

1. 课程目标——学力目标。“学力”原本有两层含义，一是指业已习得的现实的学习能力，二是指潜在的未来的学习能力。两者是不可分割的统一体。所谓“基础性学力”与“发展性学力”也不是两个不同的概念范畴，是旨在便于分析而做出的同一概念范畴的两个侧面。

2. 课程内容——核心知识。所有人拥有的普遍经验和赋予我们生活意义的人类存在所不可或缺的条件。Boyer认为基础学校提供的核心知识包括生命周期、符号使用、集体一员、时空意识、审美反应、天人相依、生产消费、高尚生存等。这8种“核心知识”反映了它们在人生旅程中的顺序。学科是学生学习的装置，中心任务是让学生习得基本的知识要素，并借以形成认识能力。认识学科群包括工具学科（Tool subjects）——读写算，内容学科（Contents subjects）——自然认识与社会认识，技能学科（Technical subjects）——技能习得。同时，关注到学科边界的“软化”，发展跨学科的“学科领域”。

3. 课程实施。“学”与“教”彼此不能分割，是相辅相成的。教学环境的优化需要教师关注两个方面：一是“信息化”，二是“生活化”。

4. 课程评价。评价要突出两个方面：学生评价和课程实效评价。多元智能理论指向多元评价指标，学生评价和教学分析进行课程实效评价。

作为首家海归人才子女学校，无论是“海归”还是“人才”，都可谓是名副其实，学校今年的新生家长中有过海外留学经历的占31.46%，获得过“领军人才”等表彰的占10.74%，这是学校一笔宝贵的隐形财富。为了将家长的资源化为学校的教学资源，同时也让孩子们从各行各业的专业人士那里获得这一领域最前沿的资讯，海归学校的“家长讲堂”应运而生。

有人工智能领域的专家讲述AI的发展趋势，有国际教育专家分享未来社会的八大能力，有医学博士、临床医学专家为孩子揭开医学的神秘面纱，还有文艺的理工科专家通过大数据分析唐代诗人朋友圈，真可谓百花齐放，各显其能。

一场场妙趣横生、引人入胜的演讲，为孩子们打开了一扇扇了解世界的窗口，引来了大批家长和老师。现场座无虚席，精彩之处掌声雷动，互动环节学生和老师都跃跃欲试。在这里，家长、学生、老师的身份被模糊了，人文与科技的边界被模糊了，而正是这种模糊成了孕育新观点的最好的土壤。

诗人叶芝说："教育，不是注满一桶水，而是点燃一把火。"教育是启发学生的求知欲，而不是教一个放之四海皆准的道理。正所谓"开而弗达则思"，真正的思考来源于一个个充满想象力的问题，来源于打破思维疆界后的对世界全新的理解和认识。

《礼记》云："道而弗牵则和，强而弗抑则易，开而弗达则思。和、易以思，可谓善喻矣。"引导而不牵制，鼓励而不强迫，启发而不代替，在融洽中独立思考，这种教育方法，不也正是IB所倡导的探究式学习课堂、以学生为中心的生本课堂所追求的教育理想吗？而这种教育方法，我国教育先哲在周朝就已提出，今朝读来仍是发人深省。学校把高中的中华文化项目命名为"善喻书院"，用"礼、乐、射、御、数、书"的六艺课程来设计学校的课后活动，整合家长资源打造家长讲堂启发新智，正旨在让这一代青年人在老师"和易以思"的教法下、在同伴相互学习的氛围中、在家长们各领域视角独特的分享里，独立思考、牢记传统、创新创造，共同打造一个兼具书院精神气质与国际情怀的学习型社区。

这也是课程发展模式从"线性模式"向"非线性模式"转向的

一个实践。“泰勒原理”是课程发展的线性模式的理论基础，“多尔原理”则是课程发展的非线性模式的理论基础。3R（读、写、算）、泰勒原理都是预设性的功能主义，体现了工具理性。3S（科学、故事、精神）、多尔原理——4R（丰富性、回归性、关联性、严密性），这正是学校设计CCA课程的基础理论依据。课程不是自然的事物而是文化性的——派纳（W.F.Pinar）课程原本就是基于教育过程的一种“文化创造”。这样的创造虽说不易，但学校在积极尝试过程中，也收获了不少的实践经验。

二、管理课堂将是有效课程

“道而弗牵则和，强而弗抑则易”中的“和”与“易”是指在教学中建立良好融洽的师生关系，这样使得学生在学习时有愉快感、获得感，是一种自我建构的学习过程。在这种心理状态下，能很有效地激发和满足学生的学习动机和需要，强化和巩固学生的认知和思维。这里，除了用教学设计来激发和保持学生的好奇心和求知欲以外，构建良好的师生关系尤为重要。二元对立的师生关系，只能使学生形成对象性的思维方式、世界观和人生观，产生一种被控感和无助感。在师生的主体关系中，首先要在双方地位平等的前提下，用对话和沟通的方式，争取双方的相互理解和尊重，建立融洽的师生关系，这样才可能在教学中营造民主的、活跃的学习气氛，引导学生进行元认知，丰富学生主动参与活动的形式，营造和谐、愉快的师生氛围，使学生获得快乐的学习体验。下面的这个国际调研虽然是聚焦在教师在教学实践中的管理时间分配问题，但也很有启发性地说明了我们要花更多的时间和精力在师生沟通上。

上海师范大学国际与比较教育研究院王洁、张民选教授通过分析2018年教师教学国际调研（Teaching and Learning International Survey，简称TALIS）的数据，对OECD（经济合作与发展组织）国家及上海的教师在教学实践方面的特点进行比较分析，并以此为依据，对重要问题进行了讨论。

TALIS 2018的研究发现了全球课堂教学实践有以下四个特点：

（一）教师用于实际教学的时间多，有经验的教师比新教师用时更多。其中，OECD国家实际教学时间、维持记录时间分别占课堂总时间的78%、13%，上海教师的数据则分别是85.4%、7.9%。主要原因是上海新教师能得到同事的支持，同事引导新教师将更多时间用于实际教学，同时上海学生自律程度较好，教师不必花费大量时间维持课堂纪律。

（二）课堂上，管理和讲授行为普遍，只有1/2的教师经常采用激发学生认知的策略作为主要讲授策略。研究发现，OECD国家教师及上海教师使用最多的策略有三项：解释希望学生学习的内容、说明新旧主题的联系、设定学习目标。

（三）不到一半的老师经常在课堂上采用促进学生“自主学习”的策略，和2013年相比比例有所上升，但国家及地区间差异较大。

（四）近八成教师会为学生提供建设性的反馈，但形成性评价的运用频率不高。OECD国家教师与上海教师均很少“让学生评估自己的进步”（<50%）。仅约50%的上海教师“自己命制试题”，这低于OECD教师20个百分点。

这些研究的发现对于建立融洽的师生关系还是非常有借鉴性意义的。首先，秩序应为教学服务。建立秩序的过程就是建设师生关系的过程、形成课堂氛围的过程，教师应在沟通、激励、激发学生方面下功夫。其次，教师能使用现代化信息技术手段，对吸引学生参与课堂非常有效。最后，建立良好的师生关系，需要教师从对学习任务的关注转移到对任务进行加工理解，形成进阶式的任务，设置有挑战性的任务，让学生跟着老师走，成为跟随者而不是服从者。

综上所述，在学生个性凸显的今天，教师需要不断提高自身认识学生能力，更好地与学生沟通，用创新、适应的师生关系，来达到教学实践的新要求，真正实现“和易以思”，让自己从知识的传授者变为学生的支持者，以达到善喻的境界。

参考文献：

1. 曼塞萨·马诺普.21世纪课程的中概念化与定位:全球性的范式转变[J].比较教育研究，2019，11:1-12.

2. 钟启泉 课程的逻辑[M].华东师范大学出版社，2019.

3. 佐藤学，钟启泉.学校的挑战——创建学习共同体[M].华东师范大学出版社，2010.

4. 王洁，张民选.TALIS2018折射出的教师教学实践:全球趋势与上海特点[J]. 比较教育研究，2020，42(3):74-81.

学校文化建设与引领

一、引言

所谓学校的特色，其根本在于文化特色。只有学校具备了一定的教育文化性和整体性，所谓“特色”才更有可能真正上升到成为现代学校教育精神和核心价值观，才能够融会贯通，并最终渗入学校的各个方面的教育工作中。从教育文化和学校教育文化的基本内涵角度来看，学校教育文化更多的含义是一个“意义体系”，包含着“价值传递”和“信念共享”。所以，学校传统文化的内涵建设也就不应从外在的文化装点装饰开始，而应该从“价值、规则、信念、归纳、传播”等方面入手。

在中国高度重视文化自信的时代中，对学校文化图腾的创设和辨析，能够将学校文化发挥到极致，也更容易彰显学校的特色。同理，致力于通过文化特色建设的学校，也应将学校文化建设置于最核心的位置，以其独特的文化图腾彰显学校特色，发挥极具特色的教育影响力。

二、学校文化与文化图腾

(一) 文化的基本含义

泰勒曾对“文化”一词进行了如下定义：“所谓文化乃是包括知识、信仰、道德、法律、习惯以及其他人类作为社会成员而获得的种种能力习性在内的一种复合整体。”(《原始文化》)英国学者雷蒙德·威廉斯则认为“文化”这一文学术语主要在三个相对独特的历史意义上被广泛使用：一种艺术及其他艺术教育活动、一种特殊的生活方式、一种发展的过程。施恩把“文化”定义为：一种基本假设的模型——由某一特定的相关群体成员建构、揭示或研究发展出，并用来帮助处理某些具体社群问题的有用且有效的基本假定，被我们作为正确的群体理解、思考和继续探索某些相关群体问题的一种方式，进而传授给新的群体成员。彼德森和迪尔认为，文化包含了六种核心要素：1. 共同的目标和使命；2. 规范、价值观、信念和假设；3. 仪式、传统和典礼；4. 历史和故事；5. 人物和关系；6. 建筑、文物及标志。

这些定义有的只说明了文化的“内容”，有的强调了文化的可感性和过程性，有的指出文化的主体是“某一特定群体”，有的强调了文化与人之间的关系，有的建构出一个可操作的文化概念框架。每一个观点在其各自的哲学思想体系中都有本质上的重要性，这些观点也一直指引着思想家的论述方向，追求文化带来的世世代代关于世界和人类社会发展的各种不同的学派和理论，随着时间的变迁，后来的思想家会修正既有的思想范式，进而创造新的思维。而且，在这一点上东西方文化的发展颇为相似。美国哈佛大学教育学院的两位博士从东西方的知识文化传统中分别提取了各自重要的知识主题以对其进行两种不同文化的综合比较研究，他们分别认为：西方的人们知晓真实客观世界，能够准确无误地获取知识，他们习惯于审视经历过的真实人生；东方的人们完善自我、以天下为己任、学习传统美德，人的行为更胜于言。研究发现这两种文化背景下的学习模式都得到了文化成员的认可，也具备对其成员在学习过程中的思考和行为的影响力和指导作用，从而进一步论证了文化模式对成员在心智和美德层面的实际影响。

文化在形塑人类身份认同上扮演了毋庸置疑的重要角色。在心理学的初创时期，美国伟大的心理学家William James把人类的自我分为两个互构（Mutually constitutive）的部分：主体的我（I-self）是知者（The knower），掌管识别、观察、判断、建立目标和为自己采取行动；客体的我（Me-self）是所知的自己，是自我描述与自我表征的部分。用比较现代的方法来比喻的话，主体的我（I-self）是作者或者说故事的人，而客体的我（Me-self）是故事中的人物。

文化当然对自我发展有重要影响，不过William James认为可能对主体的我（I-self）影响更深，主体的我有三个维度：自我延续感（Self-continuity）、自我区别感（Self-distinctness）以及自我能动性（Self-agency）。自我延续感（Self-continuity）让我们知道即使长大成人或者经历生命中许多改变后自己始终是同一个人。保留文化认同对学生的发展而言是很严肃的任务，而且研究一再发现这是很重要的保护机制。自我区别感（Self-distinctness）使我们总是力求保有自己文化的独特性，也因此我们可以看到独特的文化价值会伴随着其他较明显的文化标记，或者说文化图腾。自我能动性（Self-agency）让我们知道自己是自己思想、行动、效力和成就的来源。文化中的一个特长可能是和自我能动性最有关的反馈。

（二）文化是如何形成并产生作用的

美国哈佛大学教育学院Ebony Bridwell-Mitchell博士对文化作用进行分析，从个人到组织的关系层面来分析文化产生作用的过程。

第一，人们带着一套现有的信念和假设进入组织。这些信念和假设是价值观的基础——人们认为什么是对的，什么是错的；好的或坏的；公正的或不公正的；重要的或不重要的。这就是人们的基本价值观。每一个老师都是在职前就形成了一定的价值观的，工作多年的老教师一些固有的观念会更强。每一个学生在进入学校之前，家庭也会给予他们一个价值观的引导，可以说文化资本获得的第一场所是家庭。这都是主观的判断。

第二，共同的价值观创造了预期的和合法的行为方式。进入组织后，人们不断分享着自己的价值观，有些价值观之所以能被广泛认同，是因为人们在组织中学到了什么是有价值的，并且这些有价值的东西和人们先验的已有的信仰相吻合，这样文化开始产生作用。学校在选择自己的价值观的同时，也不断创造了让广大师生都能接受的学校文化。

第三，行为规范开始形成。组织中人们通过互动学习规范，奖励和制裁某些行为，逐步完善了组织内部的规则。人们便期望在群体内有共同的规则或规范，当人们觉得自己是社会群体的成员时，他们就会有遵守规范的愿望。学校中师生们共同遵守行为规范就是文化作用的效果之一。

第四，行为范式逐步形成。遵循相同的规范会使人们以相似的方式行事（即他们的行为有一种模式）。组织文化形成后也是一种约束，这种约束有时会限制从众。当范式形成的时候，学校文化就逐步具有了传播性和传承力。

第五，文化图腾创设成功。在文化的影响下，人们的行为和互动产生了文化图腾，这是行为、规范、价值观和信仰的信号和强化。因为人们的共享规范、价值观和信仰，他们以相似的方式看待文化图腾。学校的文化图腾是学校文化的外显方式，也是重要的象征，是一种客观的表达。

综上所述，可以说文化的作用是一个从主观要素逐渐向客观要素转换的过程。最终可以凝结成文化图腾。

（三）学校文化现象与图腾的产生

1. 对学校文化的理解偏差

（1）把口号等同于学校文化。每个学校都特别重视校训、办学理念、办学愿景等，都写在显眼处，用文字阐述本校的“理念”，但这些“理念”的产生是自上而下的命令？还是自下而上的由衷发生？是学校领导的个人思考还是全体教职人员共同讨论的结果？而且它与师生的关系不得而知。真正的文化建设是以“群体认同”为目标，推动价值传播和信念共享，而不能只当作是行政命令。

(2)把艺术活动等同于学校文化。现在学校都重视开展艺术活动，如举行“校园文化艺术节”“嘉年华”等各种活动，同时举办各种选修课和艺术社团。一方面，学校开始关注美育对学生情操的陶冶功能；但另一方面，学校对文化的理解窄化了，即把艺术教育等同于学校文化，而艺术不能承担文化的全部。

(3)把制度文本等同于学校文化。学校为了让学校各项事务有理可依，制定了大量规章制度。然而，在制定规章制度时，管理者只是从学校管理者角度出发，忽视了其对于师生发展的意义，因而许多规章成了师生发展的障碍。有的学校只是为了制度而去制定制度，不管其可行性与价值，导致制度成为一纸空文，并未成为学校文化的一部分。

(4)把物质环境等同于学校文化。由于校园文化指向校园的环境，于是学校的角角落落成了学生对校园文化建设最直观的理解。校园多了一些新的文化图腾，环境更加优美了，空间也更加宽敞了，但仍然不能真正彰显出对学校自身个性、折射出对学校自身办学宗旨、传达出对学校发展愿景和核心价值观的追求。

以上种种现象体现了校园文化建设的异化，究其原因仍然是对“学校文化”概念理解的片面性，以部分代替整体，失之偏颇，这样也是不可能形成学校文化图腾的。

2. 文化图腾

图腾一词来源于印第安语“Totem”，意思为“它的亲属”“它的标记”。在原始人信仰中，人们认为本氏族人都源于某种特定的物种，于是，图腾信仰便与祖先崇拜产生了关系。“Totem”的第二个意思是“标志”，就是说它还要起到某种标志作用。图腾标志在原始社会中起着重要的作用，它是最早的社会组织标志和象征。它也是文化的外化指标，也是标示性的物化形态。如中国红、中国龙这些图腾就是中华民族的象征。

当一个学校文化发展到一定时期，可以创设文化图腾来激发、指引、传承学校的精神价值，在学校教育环节中还可以多方位地运用这一元素。首先，文化图腾让学校很容易形成排他性的区分度，类似于William James所说的自我区别，在众多学校中用标示性的符号来区分；其次，它可以用于激发师生的自豪感，因为师生的自我能动性使得他们愿意为自我区别付出努力，获得组织成员间的认可，并由此强化文化图腾；第三，学校的文化图腾可以延续学校的传统。无论是新办学校还是百年老校，通过文化图腾就能找到共同的话语体系，让价值观不断传承。

三、学校文化图腾创设途径的思考

学校文化图腾的创设是一个系统性的过程，这也是学校文化建设中的重要外显环节，是文化变革的或提炼的有效整合。这样的过程需要使文化信息更连贯，使互动模式更有凝聚力。有六个策略可以做到这一点：

（一）创始人或校长的影响

无论是百年老校还是新办学校，将创始人和领导者嵌入组织的文化中是非常有效的做法。第一，领导者成为身份原型。领导者的政治权力、影响力、权威性与偏好等就是北大学术文化精神形成的领导精神与权威力量，如蔡元培先生就是北大高校学术文化精神“思想自由、兼容并包”的主要创始人，蔡校长的原型和这八个字紧密相连。第二，领导者的示范和教授。校长或者创始人要不断示范学校价值观，教授学校形成共识的规范，自觉成为学校文化的践行者，这可以让学校文化和领导者之间产生互动。第三，领导者的理念陈述。校长要能完整诠释学校的理念、愿景、目标，结合领导文化时代烙印、个人经历讲述学校的文化形成以及其历史背景、故事、发展方向等。第四，物理空间的设计。空间的存在的特定意义是最能说明一切的，学校在文化空间的设计中一定要加入文化要素，并可以把这些空间演化为激励员工的场所。第五，对关键事件的反应。每所学校都会在不同历史阶段遇到不同的关键事件，学校适当的社交互动及对事件的处理完全可以反映出学校的文化价值观。第六，创始员工的选择。对创始团队的选择也会成为学校文化的构成因素，蔡元培任北大校长期间对教员的选择就是“兼容并包”价值观的体现。

（二）选择员工

选择谁成为组织的一部分，即决定谁应该进入组织、谁应该被劝退（即“雇佣和解雇”），是学校文化图腾形成的人力要素。一是在教师选拔机制中有相应的文化要素考察；二是在教师培训过程中植入关键的文化价值观，让教职人员接受正式培训，了解学校文化，包括对自我效能和期望的行为、实践工具所需的专业知识及能力的培训；三是在教育教学过程中有淘汰机制，及时发现不合适的教职员工并将其排除在外；四是在日常的教育生活中，对期望行为的非正式指导，将学校崇尚的价值观自下而上进行归纳，提炼出学校的核心理念，逐步向文化图腾靠拢；五是树立行动的榜样，让榜样传递出文化信号，进行必要、及时的激励、奖励和制裁，包括精神的、社会的和物质的。

（三）逆向归纳

创建学校文化图腾的逆向归纳就是让师生们的显示行为可以改变他们的先验理解，并产生交互作用。首先是发现一个有意义的对象。这个对象可以是一个动物、一个植物、一个抽象物，但它必须有精神、价值、观念的归纳空间，将全部的文化要素归结在这个对象上，赋予其生命的力量。其次，运用学校的校训、座右铭、愿景等标示性的语言来进行一定程度上的诠释。再次，用人物原型进行更深层次的说明。最后，通过特定的仪式和特殊的空间加深文化图腾的被认可度。

（四）传播

当学校文化图腾基本形成后，应该通过语言、通讯、媒体和持续对话的方式进行信息传播，从内部到外部形成一致的认可，才能巩固文化图腾，最终形成成熟的文化图腾。在此过程中，实现五个关键的转变是有效传播的路径。第一，实现从未来陈述到直接关注可能性的转变。文化图腾是显性的，不能再是捉摸不定的或者未来主义的，而是要有明确的可能性，是可触摸到或者可实现的，在学校文化建设时让师生可以真切感受到学校文化的真实存在。第二，从特质陈述到确定目标并减少模糊性的转变。解决了可行性问题，就要进一步挖掘确定性，什么样的规范、信念、价值观是学校认可的，要在文化图腾显现时彰显出来。第三，从象征陈述到抽象意义和产生情感的转变。把象征意义抽象到具体图腾上，是一种物化过程，图腾往往都是以抽象的形象出现的，在学校文化建设中把情感和图腾联系在一起，其作用就能显现出来。第四，从理想的陈述到创造吸引力的转变。一开始谈文化理念都是理想化的，都是靠陈述来吸引师生，形成文化图腾后要将这样的吸引力逐渐转移到图腾身上，并传播开来。第五，从社会认同陈述到增加身份认同和归属感的转变。文化图腾创设之处要的是社会认同，这样才能有生存空间，要发展下去就要组织内部的成员之间有强烈的身份认同和归属感，让文化图腾拥有者有强烈的自豪感。

参考文献：

1. Cristina L.Lash.Making Americans：Schooling，Diversity，and Assimilation in the Twenty-First Century. RSF：The Russell Sage Foundation Journal of the Social Sciences，4(5)，99-117.doi：10.7758/rsf.2018.4.5.05.

2. 爱德华·泰勒，连树声.原始文化[M].上海文艺出版社，1992.1.

3. 陶东风，和磊.文化研究[M].广西师范大学出版社，2006.2.

4. Schein，E.H..Organizational culture and leadership (1st ed.) [M].San Francisco：Jossey-Bass，1985.9.

5. 班尤凤.从龙图腾谈文化传播的误读和异化［J］.传媒，2007(8):2.

6. 翟石磊,魏渊.文化图腾与国家形象——跨文化交际视野下国家形象符号化比较研究［J］.中国矿业大学学报：社会科学版，2010,12(1):5.

7. 武秀霞.学校文化何以成就不一样的学校特色——三所美育特色高中学校文化建设的反思与启示［J］.教育科学研究，2018(12):7.

8. 张释元，谢翌，邱霞燕.学校文化建设：从“器物本位”到“意义本位”［J］.教育发展研究(06)，2015(06):20-25.

用课程架构引领学生发展的实践思考

——以江苏省苏州艺术高级中学（苏州市第六中学）为例

康德接受了卢梭关于教育价值的看法，认为人只有通过接受教育才能称其为人："人完全是教育的结果。"人性的崇高和人类的伟大是由于教育。教育是养成人的一种活动。作为教育者，最根本的目标就是让受教育者获得幸福感，学会追求幸福，从中我们能享受人类文明带给我们的种种快乐。

一、研究缘起

暑期的课程虽然是网上的，缺少了和教授、同学们的面对面互动交流，但就收获而言也是极其丰富的，在马和民教授的"学生发展与教育"专题研究课上，我们梳理了教育学的根本问题——用什么样的环境改变和塑造人，从一个关键字"根"入手，回顾了传统中国、近代中国、现代中国的"无根、寻根与扎根"，让我们教育者在研究学生发展与教育问题的时候，首先思考一下人性是怎样的，人是如何被教化的，教育改革的核心问题究竟是什么。最终得出暂时的三个结论。德育工作的本质：人生指导问题。有根的人生需要培育四个核心素养：善良、勇气、智慧、美丽。有根的人生坚信"我和祖国紧密相连"。马教授同时还给我们讲解了研究的方法论，如文献法、实证主义方法、人文主义方法等的综合运用，并专门分析了如英科尔斯、涂尔干等著名学者的经典的研究方法。

在学习之后，我除了在理论上有所领悟以外，也在反思这些年在学生发展实践过程中的一些做法，希望能梳理成一种有理论职称，有研究方法，并能形成一定结论的架构，这有利于我们教育者不断在改革进程中总结、推进，再实践、再发展。

基于以上的启发，笔者萌发了撰写这篇论文的想法和思路，在过去实践的基础上，梳理实践的过程，总结过程中的经验与问题。研究的基本方法是实证主义的，注重研究对象的可观察性、研究结果的可证实性或重复性，具体方法包括观察、实验、比较等。

二、研究背景

文化是一个民族的灵魂，也是一个民族存在的根基，更是一个民族得以发展的不竭动力。习近平总书记在党的十九大报告中指出："深入挖掘中华优秀传统文化蕴含的思想观念、人文精神、道德规范，结合时代要求继承创新，让中华文化展现出永久魅力和时代风采。"中宣部、教育部制定的《中小学开展弘扬和培育民族精神教育实施纲要》明确把弘扬和培育民族精神作为学校教育的重要任务来实施，这也是学生发展的关键要素。

苏州园林是一本民族文化的精美活教材，园林中的建筑设计、山水布局、植物栽种、场馆布置等，蕴含了丰富的历史文化、哲学思想和审美理念等精神要素，是中国优秀文化遗产，举世瞩目。

1997年苏州古典园林作为中国园林的代表被列入《世界遗产名录》，2018年世界遗产城市组织授予苏州“世界遗产典范城市”荣誉。学习探究园林文化是对民族文化、民族精神最好的传承与弘扬，也是苏州本地学校坚持立德树人，高质量培育人才，创出高品质示范特色高中品牌的重要内容。

笔者就以工作过的学校为案例，就已经进行的学生发展课程体系从设计和实践两方面进行实证研究。苏州市第六中学是一所建校80年的老校，学校自20世纪90年代确立了以艺术教育为核心的特色发展之路，经过近30年的发展已经形成了一定的美育教育模式，并对学生发展范式进行了梳理，形成了有效而富有特色的学生发展之路。笔者在六中任校长期间对学生发展课程做了分析，主要基于“六艺联方”的课程体系，为学生在艺术道路上的发展提供支撑，必要时还起到一个加速器的作用。近30年来，六中的毕业生大量走进了中国的各大艺术类院校，其中不乏中央美院、中国美院、中央音乐学院、中央戏剧学院、上海音乐学院、上海戏剧学校等顶级艺术学院，一些毕业生已经活跃在当今中国的艺术舞台上，成为六中的知名校友。

三、“六艺联方”学生发展课程体系研究

中国传统文化博大精深，教育思想丰富。“六艺联方”学生发展课程体系设计拾金于古人“六艺”教题：礼、乐、射、御、书、数，依托现代优质课程的架构与实践，在传统六艺基础上努力探索适合现代学生的“新六艺”教育模式，为学生追求幸福积极的人生

搭设桥梁，积极创设多元的、可选择的开放教育环境，为学生展现一种能创造、有意义的生活方式。

（一）理解美育的概念

美育，又称美感教育。本文所谈美育不是狭义的“艺术教育”，而是将美学原则渗透于各科教学后形成的教育。是从形式美育向实质美育转变的一种实践探索，即以培养对象审美素养（如审美观、欣赏美和创造美的能力等）为目标开展教育活动；以追求美育的精神实质，即人生的美学趣味和教育的审美境界。强调美育对诗意人生的促进功能已成为现代美育的核心。

（二）“六艺联方”学生发展课程的目标

基于上述对美育的理解，学生发展课程的目标是：崇德尚美、审辩纳新、创意（道德、思维、能力三个层面）。愿景是：让每一个教育项目都指向幸福人生，使每一位学生获得教育的幸福感，成就幸福人生。

（三）课程的学术架构模式设计

1.“六艺联方”——课程架构的设计理念

“六艺”出自《周礼·保氏》：“养国子以道，乃教之六艺。”它是古代贵族培养国子的六门学科，不仅体现了古代培养人才的教化功能，也体现了古人的美育思想：文武兼备，内外兼修。“六艺联方”中的“方”是一个整体，指建立以培养核心素养、专业精神和审美情趣为目标的三维课程架构，“六艺联方”指素养学科和文化学科的有机融合，形成育人合力，培养学生的审美审辩能力，促进学生身心全面发展。核心素养、专业精神和审美情趣三大维度环环相扣，形成一个整体，正如看似简单，却蕴含了无穷奥妙的“六艺联方”；“方”还有“正，当下”的意思，“六艺联方”喻指课程目标立足当下，借鉴传统，着眼未来；它以艺术课程、园林课程、射御课程为载体，强调美育的传承性、民族性，引导学生认识传统文化，热爱传统文化，弘扬传统文化。

2.“六艺联方”——课程架构的具体设计

(1)基础模块

在国家课程大纲内按语言与文字、STEM、人文与社会、哲学与艺术四大类设计相关的特色配套课程，是国家课程的拓展和辅助，目标就是让学生在高中阶段找到自己的发展方向，并且在课程的辅助下发展自己，凸显出课程的延展性与联动性。

(2)素养模块

素养课程是教育使命在课程上的体现和追求，主要定位在基本素养、艺术素养和审美素养。学校希望学生在认知技能、自我成长、创造创新、文化审美、运动健康和实践服务六个方面得到提升。这个模块与基础课程一起旨在夯实学生发展过程显现出来的核心素养，由这两个模块组成的核心素养纬度在“六艺联方”的体系中得以撑起一个维度。

(3)融合模块

如何创新人才培养模式，依托美育课程促进学生全面且有个性发展。这是提高教育质量的关键所在，也是推进教育改革的核心任务。通过研究，学校发现目前阻碍高中学生审美能力培养的瓶颈主要是：一是如何突破“应试教育”藩篱与“学科竞赛”框架，落实素质教育对高中生美育素养培育的要求；二是现有我国高中课程远不够支撑美育素养培育；三是缺少美育课程体系的构建。在此背景下，课程体系突出实践环节，重在能力培养，直接解决了教学模式、过程管理、教学研究等方面的一系列教学问题：①以教学改革实践为中心，构建一站式工作室平台，解决了实践型与创新型教学模式、艺术与技术相融合的问题。②着力建构学校课程框架。③工作室教学模式促进教师发展,解决了本专业教学研究成果未能迅速转化为教学资源的问题。

3.“六艺联方”——学校发展美育课程架构的具体实践

美育育人是一项系统工程，它引发了课程、教材、教学等一系列变革。实施美育教育的重要途径有课堂教学、课外活动和校园文化。课堂教学注重国家课程校本化研究，教学方式的探究性、教学手段的数字化研究，在学科教学中融入美学因素，推动美育教育的提升；通过构建一站式工作室平台，促进教师发展，解决了实践型与创新型教学模式、艺术与技术相融合的问题。解决专业教学研究成果转化为教学资源问题。通过丰富多彩的课外活动、社团活动，如交响乐团、艺术社团活动，社会公益活动等，拓展学生美育教育途径。优化育人环境，以苏州六中为例，学校构建了以古建为依托的“苏州园林文化艺术课程”“剑术文化”等省、市课程基地硬件环境，提升了教师专业发展与校园文化建设的软环境。

4. 解决的问题

（1）形成了以艺术课程为基础的丰富而多元的学校学生发展美育课程体系。

（2）建立了以人为本的个性而系统的美育评价制度。评价包括三个方面：核心素养、专业精神和审美情趣。注重过程性评价和形成性评价，着重考评学生的品德表现与公民素养健康、审美素养与艺术特长，注重评价学生学习表现与能力展现、创新表现与实践能力、科学运动与身心健康等，引导学生重视学习的过程和自身品质。实施综合性评价，对学生学业成绩和成长进行综合评价，全面反映学生的成长过程。

5. 现阶段的结论

以上是艺术课程、园林课程、射御课程三个方面的成果框架，可以在现阶段得出的结论是：

（1）完善了艺术高中美育课程体系。建立了“六艺联方”学校美育课程目标，建立了过程性评价和结果性评价相结合的评价体系，实施综合性评价，全面客观地反映学生的成长历程，提升学生的审美素养。借助美育特色课程，开展一系列美育实践活动，六艺堂里游六艺、“爱尚美”主题展厅、锦绣江苏、师生美术作品展、“凡尘”大型演出，把传统文化、苏州文化和学校新六艺美育有机融合，提高学生的核心素养、专业精神和审美情趣。

（2）改进了学校的美育教育。美育育人是系统工程，它引发了课程、教材、教学、评价等一系列变革。本研究给出了苏州六中的案例，课程图谱的制定与实施表明，课程架构的选择性、课程内容的传承与创新性、教学方式的探究性、教学手段的数字化是促进美育育人的重要因素。扎实有效的美育教学研究促进了教师发展,多名教师被评为苏州市教科研先进个人、特级教师、名教师,以及苏州市学科带头人。

(3)促进了教师发展。构建一站式工作室平台,解决了实践型与创新型教学模式、艺术与技术相融合的问题。解决了专业教学研究成果未能转化为教学资源的问题。教师的科研意识、能力有了迅速的提高,专业能力得到了发展,整体素质得到了提升,结合“六艺联方”美育课程研究,撰写出一批高质量的论文,在国家级、省级论文评选中获奖或发表。

(4)优化了育人环境。本研究中,构建以苏州六中为例的“苏州园林文化艺术课程”“剑术文化”等省、市课程基地,优化硬件环境,提升了以教师专业发展与校园文化建设相融合的软环境。“苏州园林文化艺术课程基地”被评为江苏省优秀、苏州市示范,“剑术文化基地”被评为苏州市示范。苏州大市美术高考命题研发中心、“音乐校本教材开发”“ 园林课程开发”引领全市中小学美育创新发展,充分发挥学校美育的辐射和引领作用。

(5)扩大了学校的影响力。国内外知名高校和联谊学校纷纷来校交流,被学校优美的校园园林环境和美育课程深深吸引,积极向外推介学校优秀成果。在上级督导视察、国内外友好学校来访中,“六艺联方”美育课程得到专家一致好评,《美育校园文化丛书》是重要的交流材料,它传递了“大爱尚美”的教育理念,在全市乃至全省、全国、国外扩大了学校影响力。

四、研究的局限性

（一）研究方法中缺少定量研究

实证研究的理论基础是“差异法”。本项研究中缺少不同学生群体在经历文中所述的学生发展课程前后的比较。在对社会现象的研究中，因为无法实施直接的实验，只能采取间接的实验法，也是涂尔干所称的“比较法”。

定量的部分可以用问卷法、访谈法跟踪学生的发展，从而对课程的设置做出基本的有效、无效的判断，并对课程分支做很好的取舍，从研究对象处得出数据分析，进而得到数据的支撑。

（二）研究对象的单一性使得研究结果的复制性差

本文的研究对象是江苏省艺术高中的学生，这些学生的发展目标比较清晰，都希望自己在艺术道路上发展，不太具备干扰项。在其他变量，如地域、高中层次、课程要求等都不变的前提下，干扰项就可能是学生的升学方向，如升学是艺术方向或是国际方向，这对本研究暨学生发展的课程架构是否产生干扰是一个关键点。如果能排除这一个关键的干扰项，那么这套课程的架构就可以有复制性，在任何高中阶段都可以适用，从而推进了学校的美育课程体系建设。

在哈佛的日子

（一）

2019年7月，我来到了世界最顶尖的大学——哈佛大学。我曾来过三次，也不过是走马观花，这次是正儿八经地来学习。

我从2019年2月度假回来后就开始申请，在选择主题和时间都能兼顾的前提下，申报了哈佛教育研究生院的“Leadership：An Evolving Vision”项目。选拔条件是要有五年以上的校长经验，然后就是递交自己的简历和自我陈述。对于哈佛的项目选拔，我心里多少有些忐忑，之后一直忙于华师大博士的备考，渐渐地淡忘了此事。后来，4月份收到华师大的录取通知书，实在是喜出望外，正好女儿说想看看美国的大学，于是就计划着全家去波士顿待上一段时间。

波士顿是个非常适合读书的地方。我来过四次，每次都在秋冬季节，最近的一次是严冬，漫天飘着大雪。刚踏进安多福菲利普斯中学，便被这里浓浓的读书气息吸引了，四周静静的，每个人都专注于手中的试卷抑或书籍。这里无疑是非常适合做学问的，也正是这个原因，我这次来专门为读书。妻子早就订好了住所，两室一厅的公寓，条件很好，离地铁和超市都很近，十分便利，比起2010年来美留学时，条件真是改善太多了！这也从侧面说明世界越来越扁平化，经济越来越全球化。

哈佛大学教育研究院是招收研究生的，有硕士、博士项目。“学习改变世界”是其理念与愿景。这次我将在哈佛教育研究院校长中心学习战略行动、领导力与绩效、学校学习支持体系、专业学习者发展、学校文化建设、移民子女教育、学习普适设计、促进教育均衡、新教师指导支撑等专题。每一个主题都是目前世界学者比较关注的研究领域。我试图在学习中寻找到适合我们学校或者自我发展的方法和路径，这些课程无疑能给我很大帮助。

（二）

在美国待上一段时间，每每感慨像哈佛大学这样的读书圣地实在是难得。单单是一个个不凡的建筑物便足以令人称羡不已。这次教育学院的项目是在校长中心的Gutman Conference Center举行，这是一个多功能的建筑体，一楼有很像样的餐厅和图书馆，教室在地下一层，采光是非常好的，因为建筑的三个方向都是落地窗，深井式的设计使得阳光很容易洒入。教室呈长方形，两侧摆放着典型西方式的简约家具，空间适中，能容纳120人左右，顶部安放着6—8台高清投影仪，故而无论你坐在长方形教室的哪一个位置，大屏幕的投影总能出现在你视线前方。

哈佛大学教育学院教育科技项目主任Joe Blatt是这个项目的主管，一进教室就能看到他前后忙碌的身影，老教授身着正式衬衣，打着领带，下身穿着牛仔裤、运动鞋，典型的美国打扮，最有意思的还是他的发型，他聪明的脑袋顶部十分光亮，后半部分却是茂盛的银发，卷曲而厚实，加上唇上厚厚的白须，的确是一个可爱的卡通老爷爷形象。

每个人领完自己的学习资料后，按规定坐在一组，这也是讨论小组的分组，之后的课程你就可以随便选择你喜欢坐的位置，但必须满足按小组（每组8人左右）就座的规定，讨论小组的组员总是不变的。今年的项目吸引了来自世界各地的校长一共15组，每组8人。从胸卡、学习用品、分组、资料、网络介绍等细节来看，这个项目的确经过精心设计，或许这便是哈佛风格。

Joe在一个简短的开场白之后，就切入正题。请出第一位教授City女士，教育研究学院的副院长。她的讲座主要围绕着“管理战略”展开。开门见山，教授提出今天的目标：

1.Develop a shared understanding of strategy and why it is so important to success.

2.Self assess the extent to which strategy is guiding your organization’s work.

3.Know that meetings are a powerful lever for improving the quality of collaboration and learning in schools.

4.Leave with one tool or idea that you want to bring back to your work.

时隔半年，今天再来反思这个讲座，猛然发现她的目标的确实现了。半天的讲座和互动让大家留下深刻印象，那些对话和概念的确不用刻意记忆已经留在大脑里，正如她设定的目标——你能够学到一两个工具或观点，并能在今后的工作中使用。

作为教育者，我们会参加各种各样的培训、会议、演讲等，在这些活动中大家都会积极地拍照，当时恨不得把所有PPT拍下来、记下来，可之后往往忘得一干二净。的确，一个报告、一个演讲能带给你一些感触，你也能最终运用一些观点去实践，那就是非常成功的了！

City教授的确做到了，如她报告中所举的“大石块装进容器”案例，充分说明了什么是战略。她引出的对战略的定义简洁明了，寥寥数语却总能得其精要，发人深省。她的讲述方式是明晰而新颖的。

“大石块装进容器”：教授拿出很多石块，有很大的，有较小的，同时给出一个圆柱形容器，要求学员将这些石块尽可能地装进容器里。三位学员代表分别做了尝试。虽然没有人能把所有石头装进容器，但已经分出有人装得多有人装得少。问题是，先放大石块还是先放小石块？这样的先后顺序会对最终结果产生什么影响？如果将这个案例放大：容器是一个组织，石块是一个个项目或行动方案，那么你决策的石块放置顺序就是组织的战略。教授的启发式教学很巧妙，让我一下就明白了。这时候她提出了“战略”的定义，先让我们自己思考，让小组讨论，各抒己见，最后抛出自己的观点：“战略就是下赌注（Placing Bets）。”把什么资源放在优先级，把什么资源作为配套，把什么资源作为后盾，看似简单的出牌过程，其实就是一个战略部署。这让我一下子记住了战略的简单定义。而且在今后的工作中，运作任何一个项目时，我都会想到“Placing Bets”这个词，我会想想这个赌注应该怎么下，想做什么，先做什么，再做什么，怎么收尾。

紧接着，教授就抛出了另一个话题——“What, Why, How”。

这里就是紧接着说明战略是要思考Why，介绍了Start with why，更生动的例子是一段视频：在没有任何要求的前提下让一位音乐教师唱歌，他会唱得很动听，因为他知道什么是唱歌；当主持人赋予了一个前提（例子中说：比如你的舅舅刚刚进了监狱，你还是按原来的旋律来唱），这时他就不是在表达什么是唱歌，而是知道自己为什么而唱歌了，同样的旋律，唱出来完全不同。这一案例，充分说明了我们的领导行为，必须要精准传递“为什么”，我们的思维方式的确应该从“为什么”开始。

第三个让我印象深刻的是“任何会议都是有成本的”。实施战略免不了要开会，为什么开会以及怎样开会都应得到思考。之前的管理模式总有开不完的会，在政府基本是靠开会来布置、检查、反馈各种各样的任务，学校也有各类会议来安排教育教学任务，大家似乎习以为常，从未想过这个会议要不要开、有多少成本、会不会解决什么问题。

Quick math problem:

1. Choose a regular meeting that's important (or should be!) at your organization and calculate how much your organization invests in that meeting in a year.

2. Bonus question: How much money does your organization invest in meetings in a week? In a year?

如果我们都对此进行一些计算，其实你会发现一个很有意思的现象。教授随机抛出的一句话简单而明了——“质量大于数量”。如此有逻辑的分析和诠释的确不需要你记忆，在讨论和思考中，两个小时的讲座很快就过去了，但令我终生铭记。

这种教学方式的确引人入胜！

（三）

学校就是这样一个舞台、一个完整的系统，这个系统要为全体学生服务。Mandy博士给我们的阅读资料十分值得品读，有一份关于人类感知和认知建构的观点小结吸引了我，让我非常受用，截取几段分享一下：

1.Priming/Believing 信念

信念的力量与期望是指一些强烈的心理现象，是关联到那些被称为“自我实现的预言”的活动，这些力量可以微妙地实现我们的预期。要意识到我们的信念会产生让我们期待的结果，同时这个过程也让我们重新思考我们的信念。

2.Emotional States 情绪陈述

将有压力和没压力相比，轻微的压力实际上可以产生更好的表现，但是高强度和长期的压力是会破坏我们的学习力的，因为这会破坏我们的海马体细胞，也会中断记忆网络以及影响我们产生新记忆的能力。因此，适度紧张是可以帮助我们做出健康的选择并且保护我们的大脑的。

紧张或者压力是受到了内心对于能否控制结果和周边情况感到焦虑的影响。如果我们只有非常少的控制力或者认识水平非常有限，但期望值又非常高，那么我们就会感受到高强度的压力和紧张感。因此，我们要让学习者支配结果，鼓励适当的压力，教育者是能够掌握导向的。

情绪主导学习。一定数量的情绪唤起将点燃学习的激情，情绪可以让记忆活跃起来。因为我们有感知，所以我们愿意学习。因此教育者要营造一个学习者的情绪风景线和学习者社区，鼓励深度学习并注重投资学习。

最有意思的是Flow（心流）这个心理学概念。在这一篇文章中，我想重点谈谈我关于心流的粗浅认识：

在一个活动中人们可以完全沉浸其中，全神贯注，由此他们会暂时丧失自我感觉进入一种“活动意识共和体”，这就是心流。它通常伴随着一种时光运转感和忘却所有问题的感觉。当人们达到所谓的“积极高峰”时，心流被视为一种最佳体验。设计一种环境和时间表去允许体验心流的产生，可以加强学生们理解能力与专长的发展，然而许多学校架构并不能为心流创设机会。

当我们面对一个复杂的、要求极高的、在挑战我们能力边缘的任务时，我们急需将考虑周全的心理能量引入。任何干扰都会影响我们集中注意力——我们的心流感。除非我们明确地支持发掘心流的体验，不然我们不可能让心流在我们的教育机构中发生。

（以上都是对阅读资料的摘抄及翻译，未经推敲，仅供参考）

这里有一个比较有意思的概念——Flow。第一次看到这个概念时真不知道怎么翻译，猜测会不会是艺术家经常提到的“闪念”，也就是所谓的灵感，因为英文原意是流动。在听李政涛教授的课时，他提到了“起底阅读”和“概念敏感”，于是我对Flow的概念再次敏感起来，在知网上研究了一番，相关的研究不多，虽然这一理论20世纪60年代已经被提出，但在我国也就近十年刚刚有人进行研究，在这里简单归纳一下。

每个人在生活中都会遇到挑战，同时我们也具备了一些技能，这些技能和挑战不断发生着纠葛，到底怎样的状态是令人们感到愉悦的呢？基于这个思考可以引出Flow这个概念。

Flow是一种积极情绪，目前我国心理学界对Flow这一概念还没有统一的译法，主要有福乐、沉浸、心流和流畅感等多种译法（任俊，2006；Carr, 2004；陈彦玮，1995；曹新美等，2007）。在我查阅的资料中，更多的翻译是“心流”，我也觉得这是比较能接受和理解的一种译法。Flow本来就有流动的意思，此外它不是稍纵即逝的时点，而是需要一个过程的时段，用中文“流”来表述，可以达意。此外，这是一种心理过程，无法外显于形，属于心理学概念，用“心”字比较恰当，于是我更愿意用“心流”这个词来翻译。

心流的概念最早由积极心理学家、匈牙利人Csikszentimihalyi于20世纪60年代提出。当时他还在芝加哥大学攻读博士学位，撰写博士论文时提出这一理论。他发现有些艺术家在创作时会进入一种忘我的状态，让他们完全沉浸于其中，十分兴奋。此后他又对数百名攀岩爱好者、国际象棋选手、运动员和艺术家进行了访谈，结果显示被访谈对象都有类似的兴奋的情绪体验，以至于他们痴迷地体验这种状态；特别是当他们从事的活动能顺利进行时，一些受访者借用“水流”（Flow）的隐喻来描述他们当时的情绪感受，声称这种情绪状态能毫不费力并且源源不断地出现（Nakamura, 2002）。

Csikszentimihalyi把这种情绪体验命名为“Flow”并对其加以定义，即心流是指人们对某一活动或事物表现出浓厚的兴趣并能推动个体完全投入某项活动或事物的一种情绪体验，同时认为心流一般是个体从当前所从事的活动中直接获得的，回忆或想象等则不能产生这种体验（Carr, 2004）。他强调心流是一种“动态平衡过程”。从内涵来看，心流概念的来源实际上可以追溯至人本主义学家马斯洛的“高峰体验”（Finneran, 2005）。

看了心流理论的简单解释，很容易将其与沉浸理论做比较，“沉浸”在中国语境下具有双重含义：一个是本义的，即客观存在物在实体空间中的沉浸，比如我们的泡菜；另一个则是引申义的，即主体认知在意识空间中的沉浸，比如我们的沉浸式教学，在外语教学时不以母语为中介的教学，让学生完全浸入一个外语环境。当下有的学者往往把“Flow experience”与“Immersion”均译成沉浸。殊不知“Flow experience”是一种用户的“高峰体验”，就是“心流体验”，而“Immersion communication”则是基于虚拟现实等新媒体技术，结合特殊的叙事手法，构建以假乱真的媒介图景，达到能让人沉浸体验的效果。体验过AI游戏的人就会有些感悟了。

简言之，“Immersion”源于对虚拟现实技术问题的研究，而“Flow experience”则发端于心理学，源于学者们对艺术创作过程中认知状态的研究，因为被学者借鉴到研究网络游戏用户、虚拟社区用户的“高峰体验”而被广泛接受。第一类研究关注如何构建沉浸式的图像环境，而第二类研究则更加关注用户的认知状态与体验。

稍做研究又可以发现心流理论现在主要运用在心理学、社会学、教育学等方面。手机游戏和客户的黏度问题中，这一研究就可以被采用。心流理论和教学环境下的引导与激励作用，以及积极心理学的作用分析等，都是这一理论的用武之地。回想我所接触到的艺术家，无论是绘画的、表演的、戏曲的，他们的确会入画、入镜、入戏，那是一种如入无人之境、物我两忘的境界，其间妙处非旁观者能理解。此外，我们也可以发现青少年为什么如此痴迷电子游戏。游戏在他们掌握的技能和规则之间形成了挑战，当他们能完全适应这些挑战的时候，他们应该会体验到心流的境界。如果我们能充分了解或者掌握我们的教育对象，就会让他们在一定的环境下产生心流。至于如何产生心流感，可以让学生们尝试不同层次的心流作用，那一定会是事半功倍的。同时，美国的教育学学者已经把这一概念应用到学校管理中，让管理者充分运用这一概念并发挥其作用，我们可以持续研究下去。

参考文献：

1. 孔少华. 从Immersion到Flow experience："沉浸式传播"的再认识［J］.首都师范大学学报（社会科学版）,2019（04）.

2. 任俊，施静，马甜语.Flow研究概述［J］.心理科学进展，2009（17）.

学校就应该是充满爱意的地方

——张剑澜访谈录

张剑澜简介

1974年6月生于苏州，美国马里兰大学公共管理硕士。先后担任苏州市教育局高等教育处副处长，国际合作与交流处副处长、处长、机关党委书记等职。发表论文多篇。现任苏州市第六中学校校长。

作为艺术中学，更要以美育为基础，内外兼修——对内通过美育课程与课题促进学生与教师的发展，通过艺术对话实施爱的教育，从而，让艺术中学里形成大爱尚美的教育风尚，不断提高艺术中学的办学水平。

尚美尚真是我们六中人自觉的追求

晚报会客厅：张校长好！高考录取已接近尾声，而你们六中录取大幕的撩开，则是全苏州最早的。在一个月之前，就频频有学子接到幸运的橄榄枝，感觉你们学校的老师、学生，还有家长，一个个都是笑容满面、皆大欢喜的。祝贺你们又迎来了一个丰硕的好年景！

张剑澜：多谢多谢！我们苏州六中艺术类高考成绩今年继续保持较高水平，再次喜获丰收。其中，艺术班文化本科达线率为96.01%，艺术专业本科达线率为99.28%，有1/4同学被公办艺术类重点本科院校录取。相继接到了清华大学、中国美院、四川美院、西安美院、北京电影学院、中国传媒大学、中央戏剧学院、上海戏剧学院等名校的录取通知书。近两年高考形势对于艺考生来说，是严峻的，竞争越趋激烈。今年我省参加高考总人数比2013年减少了两万多，但报考艺术类的人数与去年持平。艺考对文化分数的要求越来越高，艺术类省考和校考文化分数线在2013年较上年提高了10多分的基础上，今年分别又上升了5分。但我校全体高三文化课、艺术课老师勇于进取、敢于超越，在学生和学生家长的通力配合下，今年我校音乐、舞蹈、表播的专业通过率达100%，取得了你们所说的“皆大欢喜”的局面。

晚报会客厅：是啊，听到你的同行都这么善意地说，你是少帅挂帅，运道又特别好，今年的成绩是艺术分和文化分比翼双飞。真的只是运道的原因吗？还记得去年要采访你时，你给推托了，让我们采访来校授课的名家吕玲，今年，你一定要讲讲。

张剑澜：知道你们的诚意。去年，我刚到，的确不便多言。采访名家，借名家的目光来观照我们学校，哪些该发扬，哪些该改进，不是更有意思吗？其实，这个请名家进校的工作，是我们近年的重点，继吕玲之后，我们又相继请来了杭鸣时、王芳、张继馨、廖军、华人德、杨明义等名家大师，以改革为抓手，倒逼教师发展的能动性。学校搭建这种平台后，改革单一的传授式课堂，使教师、学生开拓视野，历练实践，让知名的艺术家来校讲授自己的艺术感悟和成长过程，让高校教授进入课堂指点学生，让师生作品同台向社会展示。这些举措在激励教师的同时，也增加了教师的危机感，激发了教师主动积极向上的能动性。这样，尚美尚真也就成了我们六中人自觉的追求。

今年艺术分和文化分双丰收，自然是学校近年抓精细化管理、深化教学教研的最好回报。在校长室的直接领导下，全体教师统一认识，凝聚教研组、备课组、年级组的集体智慧，研究省统考、艺考、高考，研究学生文化和艺术现状，研究各单招院校的招生信息，落实单招指导各项工作，制订计划，明确目标。从部门到各教研组、备课组再到每位专业教师都认真制订高三工作计划，包含单招教学工作，明确目标，由面到点，层层落实。同时，以数据为依托，追求文化和艺术的匹配度。我是新校长，但我们六中走艺术办学之路，已经20多年了，我们要不断发挥这20多年的艺术办学经验和数据积累，指导高三任课教师、班主任和艺术教育处、教务处共同研究学生的文化和艺术成绩的匹配度，指导不同匹配度的学生合理分配时间，提高有效时间的使用率，不求单科冒尖，而求匹配最佳。这个最后冲刺是非常有效的。老师，家长们也都是尽心尽职的。

“科学的最高境界就是艺术的境界”

晚报会客厅：知道你们六中高举“立德树人，大爱尚美”的大旗，创建全江苏乃至国内一流的艺术教育，请诠释你们大旗的精髓。

张剑澜：立德树人是教育常识，每个教育者不仅自身要身正为范，教书育人，还要以大爱之心对待我们的学生。作为艺术高中，更要以美育为基础，通过美育课程与课题促进学生与教师的发展，通过艺术对话实施爱的教育，从而，让艺术中学里形成大爱尚美的教育风尚，不断提高艺术中学的办学水平。

马克思说："人也按照美的规律来构造。"可以说美及其规律也是能引导人来构造自己的。我们可以分三个方面在美育领域来理解和运用这句话的深刻内涵。一是以美引导人的行为。因此我们用美育来引导学生的行为，欣赏自然、了解科学、研修文学、热爱生活这些都是用美育的角度来引导学生形成爱美、尚美的情操，为学生搭设一个形美、纳美的育人环境。二是开启形式美净化人心灵的功能。美与善是难舍难分的，美由形式进入心灵。至善者，至美；至美者，至善。真理和道德都通向美，美也指向真理和道德。三是内涵美和形式美不以逻辑方式存在。朱光潜先生说："美感的世界纯粹是意象世界，超乎利害关系而独立。"无论是太湖石、灵璧石的奇异美，皇宫大殿的雄伟美，现代产品的简洁美，都不只是用逻辑的眼睛看到的。这一特性，使得在审美活动中，人们的思维模式被改善，尤为重要的是，相对逻辑思维而言，直觉思维对创造力的作用更大。我校著名校友、中国工程院院士顾健人教授在给母校的题词中就这样欣然写道："科学的最高境界就是艺术的境界。"恐怕顾先生的意思不外乎此吧！

晚报会客厅：好一篇谈德说美的诗性鸿论！感觉你们站得高看得远，这样的学校，就不仅仅能帮助学生们进入一所理想的高校，跨进学生本人心仪的门槛，而且能让他们从母校携带这种可持续性发展的素质，将使他们一生受益。

张剑澜：德育、智育和美育，互相依存，互为作用。智育是使人获得智慧的教育，是传授知识的部分；德育是使人尊崇道德的教育，是熏染觉悟的部分；美育是什么？用蔡元培先生的话来说，即“美育者，应用美学之理论于教育，以陶养感情为目的者也”。蔡先生是北大最有魅力的校长，他的观点是智育和美育都是德育的重要助手，只有两手抓，立德树人的目标才能得以实现。所以，美育的功能绝不是配角，它和智育一起使人大智大慧，它和德育一起使人大彻大悟。这一切都将为我们的社会主义核心价值观服务，为青年人才的培养服务。

中国传统文化
是中国艺术家走向世界的底气与尊严

晚报会客厅：在我们的印象中，年轻校长一般都是锐气十足的，拓展的力量大于传承的力量，而你似乎在拥有这些锐气的同时，也非常能汲取、融合前人的成果。你的身上书卷气十足。

张剑澜：一所学校要发展，首先是教师的发展。苏霍姆林斯基的《和青年校长的谈话》一书，开宗明义：“本书涉及的问题，包括对学校教育和教学过程施行领导的下列几个方面：教师集体的创造性劳动和教师的个人创造，课堂上的教育和教学过程，教师的教育学修养……”这位伟大的教育家将发展教师、促进教学作为传授给青年校长的治校经验，认为校长最紧要的能力（或者任务）就在于发展教师，促进教学。由于我们六中是艺术高中，在发展教师这个普遍性议题中，我们就多了发展教师的美育思想这个特殊的任务，即普遍性中的特殊性的问题。通过研究苏霍姆林斯基的相关论述，我觉得教师专业发展的一切活动的实质，就是校长要发挥教师的创造性。有了创造性的发挥就有了乐趣，就自然会减少职业倦怠感。我们六中的美育策略研究专题组，由四个子课题组成，分别为德育、艺术、教学、管理，囊括了艺术文化各门学科。各课题组通过读书法、行动研究法、观察法、个案分析与经验总结等方法，全校上下广泛开展关于校园美、德育美、学科美、艺术美、管理美等领域的行动研究，力争做到多角度、多层面研究。

晚报会客厅：喜欢你们的"大爱尚美"治校格言。苏州的名校都是很有个性的，但将"爱"和"美"张扬到这种程度的，好像还不多见。也许因为你们是艺术学校？

张剑澜：对，很对！我始终认为，学校就应该是充满爱意的地方——师生之爱、同门之爱、学科之爱、艺术之爱、教育之爱，涓涓小溪，汇成清流。学生、教师、学校、社区、家园、国家这些社会元素之间用爱相连，岂不是自尊自重，各美其美？岂不是互勉互助，美人之美？岂不是生生相息，美美与共？岂不是大爱长存，天下大同？"六艺"作为省内唯一的艺术高中，在教育教学、管理辅助等各个环节都要彰显尚美尚艺的格调。

任何学科中均含有美学要素，区分在于美的形式不同、美的直接性不同。有的是显性的，有的是隐性的，任何学科没有理由拒绝美育。"六艺"要在方方面面体现学校的管理格调、教学格调、教育格调。我们六中有美术、音乐、舞蹈、表播四大专业方向，在现有师资的基础上，力邀校内外名师大家。还开设了"苏州园林文化艺术课程"，建设多样的美育课程。现举几例说明：美术类有园林石、园林图案、篆刻、摄影课程，表演类有评弹、昆曲、编导课程，科学类有园林建筑模型设计、园林植物、园林盆景课程。这些课程大多让学生走出校园，到苏州园林中或苏州古城街巷去感受美。这样的课程，让学生更好地感受到中国传统文化，为其将来的艺术道路打下了良好的基础。仅以评弹课为例，学生可以赴实地感受苏州“光裕书会”评弹艺术，学评话、唱弹词，了解民间故事，传承吴方言。学生反映很好！文化是艺术的归宿，尤其是中国传统文化，更是中国艺术家走向世界的底气，这对于学生来说是受用一生的养分。

《姑苏晚报》记者　刘放

2015年4月17日